人的資本

を高める

KPMGコンサルティング

山田和延 | 油布顕史 | 平野留亥
Kazunobu Yamada　　Kenji Yufu　　Rui Hirano

日本企業の
リスキリング
戦略

東洋経済新報社

はじめに

　「リスキリング」は、企業が生き残りをかけて、今いる人材を事業戦略に適応させる「組織的な教育」である。

　業務を行ううえで必要となる知識や能力を「個人が学ぶ」ことではなく、一部の社員の能力開発を目的とした知識を得るための画一的な研修でもない。

　リスキリングは企業起点で実施すべきであり、企業の事業戦略によってリスキリングすべき人材や具体的な内容は変わってくる。本書では、リスキリングを「技術革新やビジネスモデルの変化を背景に、社員にこれまでとは異なる業務を行うスキルを獲得させる企業の生き残りの手段」と定義する。

　今、日本企業は市場環境の変化にともなう多くの人的課題に直面している。まず人材の採用と活用である。DX（デジタルトランスフォーメーション）をはじめ、新たな事業開発に対応できる人材の枯渇は顕著であり、デジタル人材の採用・活用、リテンション（引き留め）に関する企業の関心は高い。しかし、企業の付加価値を高めることのできる人材の採用は容易ではない。人材獲得競争の激しい今日、外部人材の獲得に限界を感じた企業は、社内人材を活用し労働移動をうながす施策としてリスキリングに注目し、社員に対してスキルのアップデートを推進している。

　しかし、リスキリングの実態に目を向けると、多くの企業がリスキリングにどう取り組むべきか、どこから手をつけていいのかがわからない状況である。また、リスキリングを従来の能力開発研修と同義で扱っている企業も多い。「このまま会社に居続けてもキャリアを築くことができない」と転職を考えている20代後半の若手社員や、「これまで蓄積してきた経験

1

やキャリアを否定されたような気がする」とネガティブな感情を抱いているシニア社員、「せっかくスキルを身につけても社内に発揮できる環境がないので意味がない」と考えるベテラン社員らの声も聞く。

　企業主導で学びを推進しても、社員自身がやりがいを感じないとスキルは身につかない。これまで日本企業は人事部主導で研修をやらせたり人事異動を調整したりしてきたが、そのやり方は限界にきている。これからは社員が自発的に学び、アップデートしたスキルを活かすために自ら異動を申し出るようにすることだ。

　さらに、リスキリングによって異なる知識や経験を増やし、個人と組織を活性化させ、イノベーションの創造につなげられるかも問われている。ここで求められているのは社内の多様な環境が付加価値を生むイノベーションにつながっているかだ。ジェンダーや国籍の多様性だけでなく、社員1人ひとりの知識や経験の多様性も重要である。

　リスキリングという人材投資によって人的資本経営を追求し、社員が学ぶ楽しさを実感することで学びが組織の文化となり、組織の一員として貢献することに幸せを感じるウェルビーイングな会社をつくることが、これからの日本企業が生き残る手段である。

　本書は、KPMGコンサルティングが人事、経理財務といったコーポレート部門の変革に向けたアドバイザリーを提供する中で得られた知見をもとに、日本企業が持続可能な成長を遂げるための人材戦略の柱であるリスキリングについて解説していく。リスキリングの重要性をはじめ、実施するために目指すべきコーポレート部門のあるべき姿、全社員が成果をあげるためのアプローチ、さらに効果検証と改善方法について解説する。

　また、日本企業においてリスキリングを進めるうえでうまくいかない理由や効果的な進め方、その主体となる人事部門についても考察する。

　人的領域から企業価値を向上させる重要な施策のひとつであるリスキリングに関する正しい認識をもつことで、変革に向けた取り組みの参考になれば幸いである。

　本書は、第1章と第2章はリスキリングと人的資本経営との関連やコー

ポレート部門のリスキリングの必要性を解説し、第3章、第4章、第5章はリスキリングの実践に関する実務的な解説となっている。

2024年5月

KPMGコンサルティング

油布顕史

目次

第1章 | リスキリングの本質

1 リスキリングとは何か   12

2 なぜ、リスキリングが重要になったのか   18

第3章 | リスキリングの進め方

第**4**章 | リスキリングの
仕組みの評価と改善

1 定量評価　152

2 定性評価　160

3 リスキリングの難所と対応例　167

第5章　リスキリングの実践事例と処方箋

第1章

リスキリングの本質

1

リスキリングとは何か

企業が持続的な成長を遂げる「組織的教育」

「リスキリング」（学び直し）は、技術革新やビジネスモデルの変化を背景に、これまでとは異なる業務を行うために新しいスキルを獲得するプロセスである。そして、会社に所属する人材を事業戦略に適応させる「組織的な教育」のことを指す。

組織の戦略によってリスキリングが必要な人材と内容は変わり、その背景には「デジタル活用」と「イノベーション」がある。リスキリングを有効に活用することは、日本企業が持続的な成長を遂げるための重要な手段となる。

今、日本企業は市場環境の変化にともなう多くの課題に直面している。テクノロジーの急速な発展と汎用化、株主からの企業価値向上に向けた人材戦略の策定と実行への期待、諸外国との間で拡大する労働生産性格差、慢性的な人材不足、社員の高年齢化といった環境変化に直面している。こうした課題によって、企業は従来の仕事のやり方のまま、持続的な成長を図ることが極めて困難な状況にある。

これらの変化に対応するため、新たなビジネスモデルを創出するとともに、それを遂行できる要員を確保しなければならなくなっている。

一方、人手不足の今日では社外からの要員調達は困難であり、社内人材を活用すべく労働移動をうながし、新しい仕事に就くために必要なスキルを習得させる必要が出てきた。とりわけ、デジタルトランスフォーメー

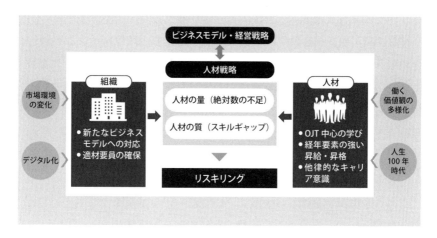

ション（DX）に対応できる人材の枯渇は顕著で、デジタル人材の採用と活用に関する企業の関心は高いものの、良質な人材を採用するのは困難な状況である。スキルをもった人材の採用に限界を感じた企業は、社内人材の労働移動を促進する施策として、リスキングによるスキルのアップデートをうながしている。

　また、テクノロジーの進化と生産性の向上が同時に進むことで、人工知能（AI）やロボットなどに業務が置き換えられる技術的失業が起きる可能性も高まっている。一方、変化は新たな仕事や働く機会を生み出すが、多くの社員が必要なスキルを持ち合わせていないためにスキルレベルにギャップが生じる。そのスキルレベルのギャップを埋める手段としてもリスキングが注目されている（図表1-1）。

組織的な働きかけはまだまだ弱いのが実態

　日本企業のリスキングの実態に目を向けると、多くの企業がリスキングにどう取り組むべきか、どこから手をつけていいのかがわからない状

況にある。

リスキリングを従来の能力開発研修と同義で扱っている企業も多い。

社員全員にeラーニングの受講をうながしても一定のポイントを獲得しないと「お咎め」を受けるという従来通りの仕組み、リスキリングを行ったあとのポジションが準備できておらず、受講しただけで終わっている名ばかり能力開発と思われていたり、あるいは役職定年後の人材活用目的の研修として位置づけた結果、社員から「リスキリングは"たそがれ研修"」、すなわち第一線を退く50代の社員に向けて、今後のキャリアを考えてもらうために組織が実施する研修と思われている。

このように、企業のリスキリングへの取り組みが曖昧になっている要因のひとつとして、その目的が明確でないことがあげられる。

リスキリングは、企業が持続的成長を遂げるために社員を戦略的に育成する手段で、会社が主体となって進めるものだ。事業戦略に基づきリスキルさせる目的を明示しなければ社員は納得しないだろう。

リスキリングした社員に対して、学んだスキルを活かすポジションを組織が用意できていないことも問題だ。学んだからといって、人事面で優遇されたり、希望のポジションに異動できなければ、社員教育と人事制度が一体的に運用されていないのではないかという疑念をもたれてしまう。

経理財務・人事・法務といったコーポレート部門の業務も例外ではない。業務の効率性や生産性を高めるためのAIをはじめとしたテクノロジーの導入などにより、仕事に必要なスキルも変わってくる。リスキリングは「企業の生き残りをかけた手段のひとつ」であり、その推進主体は企業といえる。

リスキリングによりスキルをアップデートする対象は、DXをはじめ社内の仕事の変化に対応しなければならない全社員だ。特に、会社に強制されないと自らのスキルをアップデートできなくなった人たちが主な対象で、役職定年を迎えたシニア人材に限定されているわけではない。「今も変わらず会社に貢献できており自分にはリスキリングの必要はない」と考えている40代の社員も含まれる。仕事のスタイルが確立し、成功体験に

固執し始めてきた頃がリスキリングのタイミングである。そして、社員がリスキリングするための時間の確保や費用負担は企業が行うべきである。

　岸田文雄首相は、2022年10月に日本経済新聞社の主催で開催された「日経リスキリングサミット」において、「社会的な課題を成長のエンジンにして持続可能な経済をつくる議論を進めている。次々と起きるイノベーションに対応した労働移動の必要性を訴え、人への投資と企業間の労働移動の円滑化を同時に進める。リスキリングした人材が賃金の高い場所や、よりやりがいをもてる場所で活躍することで、企業の生産性を向上しさらなる賃上げを生む、という好循環をつくっていくことが重要だ」と述べている。さらに、岸田首相は2023年1月の施政方針演説で、「企業中心となっている在職者向け支援を、個人に向けた直接支援に見直す」と発言した。リスキリングの実施主体は企業ではなく、個人が自律的にやるものと受け取れる内容といえよう。

　しかし、職種別の横断的な労働移動が形成されていない日本において、個人の自律性をうながすには時間を要する。また、解雇が法的に制限された日本では労働組合との調整も必要になる。まずは、生き残りをかけた戦略として企業内または企業グループ間の労働移動をうながすことを優先させるほうが効果は大きいと考えられる（図表1-2）。

図表1-2　リスキリングの推進主体とその対象

欧米と日本のリスキリングの相違

　欧米と日本の労働慣習の違いから、リスキリングの考え方やアプローチも違って然るべきだ。リスキリングが海外で注目されたのは、「テクノロジーの進展にともなう技術的失業の対応策」といわれている。転職市場が整備され職務が明確な欧米では、自分の将来のキャリアを考えた労働移動が比較的容易だが、そうではない日本は、企業間、産業間の労働移動をうながすことは非現実的だ。したがって、日本のリスキリングは社内の労働移動を想定して企業が投資を行うべきで、これは人的資本経営の流れからも理にかなっており、実行に移しやすいと考えられる。

　また、自らの能力を向上させるために個人が主体的に行うリカレント教育や、今やっている仕事の専門性をさらに深めたり、向上させたりするためのスキルアップ（アップスキリング）をリスキリングと解釈する人もいるが、そうではない。社員に転職をうながすためのスキル獲得もリスキリングではない。

　リスキリングは企業が変化に対応するために、今いる人材に新しいスキルを獲得させる戦略遂行の手段である。

他社でも通用するスキルを高める

　リスキリングが珍しくなくなった時代の社員は、雇用され得る能力である「エンプロイアビリティ」を意識する必要がある。エンプロイアビリティとは、「Employ（雇用する）」と「Ability（能力）」を組み合わせた言葉で、技術環境や産業構造の変化に適応するために自分のスキルを見直し続け、雇用される能力である。重要なのは「どこで何年働いたか」ではなく、「そこでどのような知識や経験を蓄え、どのような成果をあげることができたか」であり、専門能力、コミュニケーション能力、対人関係構

築能力など、座学だけでは身につけにくいものを実際の仕事を通してスキルとして習得していくことが大切だ。

　エンプロイアビリティを高めるには、会社の変化に自分はついていけているかを冷静に見つめ直し、健全な危機意識をもつことが必要になる。一方、企業側も社員がエンプロイアビリティを高めるための魅力ある職場を提供する必要がある。エンプロイアビリティを高めることは、優秀な社員の流出につながる場合がある一方で、自己の能力を高めてくれる企業として魅力を感じる社員も多い。

　組織として優秀な人材の引き留めに注力するよりも、優秀な人材を輩出し続けることは、社外からの評価も高まり、新しい人材の獲得にもつながるのである。

2

なぜ、リスキリングが
重要になったのか

人的資本経営とリスキリング

人事戦略策定の5つの要素

　人的資本は、自社で雇用する人材の能力が利益を生む「資本」ととらえることだ。人材に投資することで利益を生み、中長期的な企業価値も高まるという考えに基づいた経営が「人的資本経営」である。

　2023年3月期決算から「有価証券報告書」を発行する上場企業などを対象に、自社の人的資本に関する情報開示が義務化され、人材に対してどのような取り組みを行っているかを公表することになった。

　図表1-3に示す通り、現在企業は外部環境の変化に加え、内部環境の変化にも直面している。図の左側に示す外部環境では、ビジネス環境の急速な変化に加え、DXなどにより企業は新しいビジネスモデルの構築とそれに適した要員の確保が必要となる。持続的な成長を図るには、現行の事業を継続するだけにとどまらず、スピンオフやカーブアウトにより事業の見直しや入れ替えを積極的かつ能動的に行い、事業ポートフォリオの新陳代謝を図っていくことが重要である。

　一方、図の右側に示す内部環境では、人材の多様化が進む。専門人材の中途採用のみならず、M&A（合併・買収）を通じた人材の流入、出戻り人材や副業人材の受け入れが活発になる。反対にキャリアチェンジによる転職や転籍による離職も増え、社内人材の入れ替わりが激しくなり、社員

図表1-3　人的資本経営の概念とリスキリングの関係

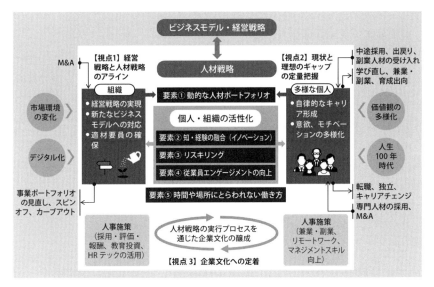

出所：経済産業省「持続的な企業価値の向上と人的資本に関する研究会　報告書」をもとにKPMGが作成
https://www.meti.go.jp/shingikai/economy/kigyo_kachi_kojo/pdf/20200930_1.pdf

の働く価値観の多様化が進む。さらに、育児や介護にともなう勤務時間の制約や地域に限定した働き方といった働き方の多様化も進むだろう。

　このような環境下で、企業は人事戦略を検討するために次の5つの要素に着目し、方向性と実行計画を定めることが求められる。

①動的な人材ポートフォリオの最適化

　事業活動に必要な人材をタイプ別に分類し、そこに人材を割り当てた構成（ポートフォリオ）を、環境変化や経営戦略の変化に合わせて最適化し、採用や育成、配置に反映させること。

②知と経験の融合（イノベーション）

　異分野の人材を集めて知識の融合を図り、イノベーションを創出すること。

③リスキリング

　人材を事業戦略に適応させる組織的な教育。

④従業員エンゲージメントの向上

　社会における会社の存在意義や理念と会社の向かっている方向性に従業員が共感し、業績向上のために自発的に「会社に貢献したい」と思う意欲を高めること。

⑤時間や場所にとらわれない働き方

　対面でなくても機能する人材マネジメント。

　これらの実行を通じて、従業員がこれまで有していた共通の価値観や行動様式をアップデートし、新しい企業文化を醸成し定着させることも人的資本経営を推進する視点のひとつとして忘れてはならない。

人的資本経営には「個人と組織の活性化」が不可欠

　リスキリングは、人的資本経営を進める戦略的要素のひとつとして、個人や組織を活性化させる重点的な施策である。

　企業は、これまでコスト扱いしてきた人材を「企業価値を高める資本」と位置づけ、個人と組織を活性化させるためにリスキリングをどう活かすかを検討する必要がある。

　組織や社員の活性化を課題とする企業は多い。事業環境が厳しくなる中、社員は目の前の業務に注力し追い込まれ、自分自身の目標達成に邁進するあまり会社が目指す大きな目標や周囲との関わりが見えなくなる。その結果、組織に閉塞感が蔓延していく状況がうかがえる。このような状況を打破し企業が成長を遂げていくには、社員の挑戦的な取り組みと一体感を重視する経営へと大きく舵を切る必要がある。

　その手段としてリスキリングは極めて重要な施策である。リスキリングを経験した社員が新たな職場環境で経験を積み、多様な人材との対話や意見交換を通じて新たな発想や学びを得ることでやりがいを感じながら、組織全体で会話が行き交うようにさせることが必要になる。

リスキリングに取り組む企業は、今のリスキリング施策が「個人や組織の活性化につながっているか」を検証して進めることが求められる。

経営戦略と人材戦略のつながりが弱い

　KPMGが2023年3月期の有価証券報告書と、2022年度版の統合報告書を対象とした人的資本開示の実態を調査したところ、「女性の活躍」「教育・研修」「従業員エンゲージメントの向上」「健康経営の推進」については開示度が高い（図表1-4）。そのうち「女性の活躍」「従業員エンゲージメントの向上」は実績値もしくは目標値を開示しているが、その他の施策は記述のみの企業が多いという結果であった。

　人的資本・人材戦略領域では、人的資本経営で求められている「経営戦略と人材戦略とのつながり」「経営者のコミット」「人事部門の強化」など

図表 1-4　人的資本施策の開示度が高い項目

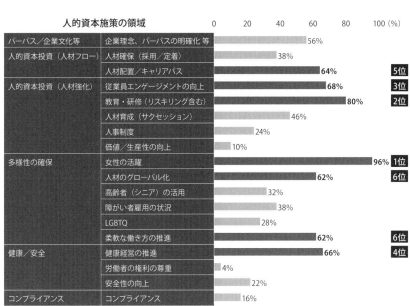

出所：各社の2023年3月期有価証券報告書および統合報告書2022年度版（一部2023年度版を含む）をもとに
　　　KPMGが作成

図表 1-5　統合報告書における人材戦略の記載上の課題

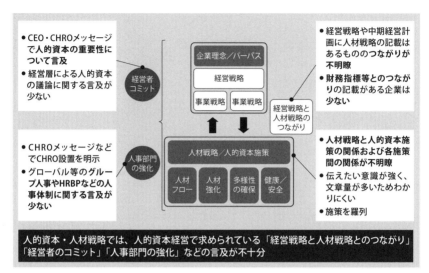

出所：各社の2023年3月期有価証券報告書および統合報告書2022年度版（一部2023年度版含む）をもとに
KPMGが作成

　の言及が不十分なことがわかった。今後は、経営戦略と人的資本経営との
関係性の明確化、経営戦略実行に向けた人材戦略の影響度合いや貢献度合
いを明確にするといった対応が求められる（図表1-5）。

　特に経営戦略と人材戦略とのつながりの弱さは、戦略自体が曖昧なこと
が要因だ。経営資源の分配を決めるための経営や事業の戦略が曖昧であれ
ば、人的資源との結びつきも曖昧になることは自明の理である。

　これまで日本企業が経営資源である人材の獲得や配置を真剣に考えてこ
なかったのは、過去の経済成長のもと新卒一括採用という仕組みで容易に
人員が獲得できたことに加え、メンバーシップ制度のもと企業側で自由に
配属を決めることができ、定年退職制度により人材の新陳代謝も機能して
いたからである。

これからの人事部門の仕事とは

　これまでの人事機能は、労務や処遇管理や運用を中心とした定型型のオ

ペレーション機能が中心であり、そこに社員個人を対象にした人材開発とチームや組織を対象にした組織開発機能のような開発系の機能が加わり、人事領域の業務は混然一体となっていた。

　この2つはまったく異なる機能で、人事部門要員に求められる知識もスキルも異なるため分けるのが効率面では都合がよいのだが、人材という経営資源は複雑かつセンシティブな特性があり、明確に切り分けられていなかった。

　しかし、今、人事領域で求められているのは、開発系機能の強化である。具体的には、リスキリングを通じた個人ベースの人材開発と、社員同士の良好な関係づくりを通じた組織開発による活性化だ。

　2020年に経済産業省が公表した「持続的な企業価値の向上と人的資本に関する研究会　報告書（人材版伊藤レポート）」では、約7割の企業が「人的資源の配分といった人材マネジメントを効果的に実施できていない」と回答している。

　これに加えて、先に述べた「経営戦略や中期経営計画と人事戦略とのつながりが不明瞭」という状況を鑑みると、効果の高い人材マネジメントの実行には人事戦略を明確にすることが必要で、人事戦略を明確にするには経営戦略を明確にすることが必要だとわかる。

　リスキリングも同様で、経営戦略や事業計画が明確であれば、人材配分のみならず人材に必要になるスキルをどう確保するかの計画も明確になる。経営戦略がなければ、それにともなう人材の配置や開発も考えることはできず、リスキリングの目的や方針も明確にならない。

　したがって、人事部門は経営戦略策定に積極的に関与し、そこから導かれる人事戦略の立案と実行に注力する必要がある。そのためには、人という経営資源をつかさどるCHRO（最高人事責任者）の役割が期待される。CHROは人事に関する業務全般の責任を担う。人事部長はあくまでも現場のリーダーで経営には関与しないが、CHROは経営に関与しながら人事に責任をもち人事業務全体を統括する。人材戦略を通じて経営戦略を推進していく役割で、経営層のひとりとして全社を見据えた意思決定をして

いくことが求められる。

あなたの会社は働く場として魅力的か？

　社員の能力を伸ばす人材開発については多くの企業でさまざまな施策を
講じており、人的資本に関する開示を見ても、ここ数年人材開発系の研修
を増やしている企業が多い。

　気になるのは、開示アピールにとどまっていないかということである。
これまでコストとして扱ってきた人材に価値の源泉として投資しようとす
る意欲は悪いことではない。しかし、自律性の強化や創造性の開発をうた
い、問題意識が乏しい社員まで含めて十把一絡げにレベルアップを図るこ
とが企業成長を図るための解決につながるのか、ということだ。

　これからの企業の命運は人材の質で決まる。しかし、その施策が社員の
自己変革をうながす研修だけで、企業自身の変革に取り組んでいない状況
も散見される。企業は、働く場として社員から評価される努力をしている
だろうか。

　「終身雇用や年功序列は終わった」と口ではいうが、人事制度や役員、
管理職の行動様式を変えていない会社もまだ多い。座学の研修は増やす一
方で、若手社員の「このDX研修はなんのために行うのか？」といった疑
問に答えられないケースも目立つ。若手社員は、自分がやるべき仕事のア
ウトプット（成果）との因果関係がわかりにくい研修の指示に困惑してい
る。どういうアウトプットを期待されているのかがわかりにくい研修や
eラーニングに「単位を付与し評価するから参加しなさい」とすれば、社
員はやらされる感情を抱かざるを得ない。

　「人的資本開示で見劣りしない開示をするために」や「DXはどの企業
でも取り組んでいるから」という理由だけでは、“会社にとって都合のよ
い社員に変わってほしい”というメッセージしか社員に与えない。それに
過剰適応する社員はどんどん創造性や自律性を失い、逆に創造性・自律性
の資質に富む社員は辞めてしまうだろう。

　それよりも、自社の現状をあらためて見直し、創造性や自律性に富んだ

人材が魅力を感じて自然と集まってくるような組織に変えるべきである。つまり、社員の意識や行動を変える前に、組織を変えるのだ。企業の命運は人材の質で決まる。「あなたの会社は働く場として社員から評価される努力をしているか」が問われている。

人を惹きつける会社とは

　有能な若手を惹きつけ、長く働き続けてもらうためには、①会社自体が魅力的で、②仕事を通じて成長が実感できるスキル獲得やプロフェッショナルへの道筋が明確であり、③仕事に見合う報酬やポジションの公正性を確保する必要がある。しかし、最も大切なのは"ユニークで自社らしい"働く環境を社員に提供することである。

　ある会社は、社内の停滞した雰囲気を変えるためにOKR（Objectives and Key Results：目標と主要な結果）を導入した。OKRとは組織全体のパフォーマンスを向上させるために、従来の延長線上の活動にとどまらず、個人のチャレンジに重きを置く目標管理の手法である。同社ではこれまで、経営層が設定した全社目標を部・課・個人へと割り当てて目標達成を目指すカスケードダウン方式を採用していた。その結果、社員が自分自身の目標達成に注力しすぎてしまい、会社が目指す目標や目標達成に向けた周囲への調整に意識が及ばなくなり、社内に閉塞感が蔓延する状態に陥っていた。

　この状況を打開し、自由闊達で他部門の社員とも連携して物事に取り組んでいたかつての強みを取り戻すことを改革の第一義に掲げ、その手段のひとつとして細かいガイドラインはつくらず、それぞれの現場に適合したチャレンジを優先させるOKRの仕組みを取り入れたのだ。

　OKRの仕組みでは、組織の階層間で目標が密接に紐づいた、目標達成に対する考え方や実行のアプローチに関して相違が発生しにくい目標管理よりも、社員個人の目標設定やその進め方に関する裁量が大きくなる。OKRのデメリットとして社員の裁量が大きくなることで個人が好きなように目標を設定し、組織として進むべきベクトルが分散してしまうリスク

があげられる。

　そこで同社では、目標を設定し行動の求心力となる会社のパーパス（企業の存在意義）を再設定した。それに基づき、上司と部下との対話の頻度を増やすことで求心力を担保するようにした。一部の管理職は社員の多様な目標をどこまで認めればよいか戸惑いがあったものの、若手社員には好評で会社のさまざまな部署で社員のチャレンジが始まっている。

　このように、人を惹きつける会社は、その会社特有の企業理念やパーパス、そして戦略をもち、社員のことを考えたユニークな仕組みや仕掛けづくりに投資を惜しまない。そして、多様性を認め、社員の本音を重視し、誰でも声をあげられる文化をもっていることで、さらにその会社の魅力が高まる。

イノベーションを加速させるリスキリング

イノベーション＝社会に付加価値を生む
新しい切り口・とらえ方・活用の創出

　グローバル化やテクノロジー、DXが進展し、個人の価値観や消費ニーズが多様化する中、企業が競争優位を獲得するためには、変化を察知し、新たなビジネスを生み出すイノベーションが重要になる。

　なぜ、イノベーションが求められるのか。それは変化の時代には、アイデアから社会的意義のある新たな価値のある商品やサービスを創造することが求められ、社会的に大きな変化をもたらす人づくり・組織づくり・社会づくりが必要になるからだ。

　イノベーションとは、新しいアイデアや技術を取り入れて、新たな価値を生み出し社会に変化を起こすことだ。生産性（付加価値や収益）の向上にもイノベーションが必要となる。イノベーションは、「新しい技術を使った発明や革新」というニュアンスで語られることが多いが、本書で

は、技術に限った概念ではなく、モノ・仕組み・サービス・組織・ビジネスモデルといった対象を広くとらえ、これらの「新しい価値を創造し提供する新しい切り口・とらえ方・活用法」と解釈し解説する。

組織のイノベーションを加速

　リスキリングを行うことは、新たなアイデアやイノベーションの創出につながる。なぜならば、社員にとって新たな学びや経験がない、すなわち、インプットがない状態のままでは、これまでと代わり映えのしない方法しか出てこないからだ。新しいスキルが身につくと、できることの幅が広がるだけでなく、新たな発想というアウトプットを出せるようになる。

　このように、社員が常に新しいことにチャレンジし続け、組織のイノベーションを加速させるにはリスキリングを実施するべきである。そこで、イノベーションを起こすリスキリングを社内で進めるために、「スキル」と「従業員エンゲージメント」について解説する。

①「スキル」とは、成果をあげるための"考え方"や"行動の仕方"

　まず、スキルは、「成果を出すための知識を活用した考え方や行動の仕方」をいう（図表1-6）。仕事で成果をあげるには、適切な「アウトプット」を出す必要があるが、置かれている状況によってどのような知識をどのタイミングで提供すればよいのかについて理解する必要がある。「スキルを学ぶ」のは、その勘所を習得することといえる。

　昨今、企業ではリスキリングの取り組みで多様な分野のeラーニングの受講を推奨しているが、社員に知識を習得させるだけの状況も多い。スキルは、知識のアップデートだけではなく、アップデートした知識を活用し、経験を通じて考え方・行動の仕方を学ぶことではじめて身につく。その経験を積み努力することで熟達していくのである。自社のリスキリングの状況を振り返り、知識を実践できる場を提供することを検討すべきである。

　また、業務ノウハウや基礎知識は保有しているものの、実際の仕事で知

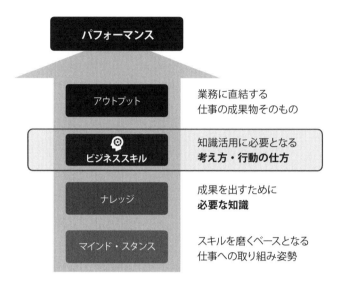

識をうまく使いこなせない社員もいる。そのような社員はスキルを習得させる過程で、知識を体系化し自分の知識・知見を整理させることが有効だ。そうすると状況に応じて保有している知識を早く引き出せるようになり、効率が上がり価値の発揮が可能になる。しかし、スキルは知識に比べると習得に時間がかかるので、中長期的な視野でスキル開発に取り組むことが肝要である。

②「従業員エンゲージメント」は、会社と社員が対等な関係でなければ生まれない

　従業員エンゲージメント（以下、「エンゲージメント」という）とは、一般的に「働きがい」と呼ばれ、従業員の会社に対する愛着心や思い入れ、信頼度のことだ。このような感情は多くの場合、会社側の魅力を高める努力があってはじめて従業員側に生じる。

　エンゲージメントは、社員の満足度や忠誠心とは異なる。社員満足度は、社員が働くうえでの心地よさを示す度合いで業績とは直接的な関係が薄いが、エンゲージメントは自分の力を発揮したいという自発的な貢献へ

の意欲であり、業績に影響を与えるのが特徴だ。

　また、忠誠心は企業と社員の間に上下関係があり、社員が企業に対し忠誠を尽くすというニュアンスが残る。エンゲージメントは、両者が横並びに相互に結びつき対等な関係を築いている点が特徴だ。

　エンゲージメントが高いことは、職場環境や労働条件に満足しているうえ、仕事に意欲や情熱をもっている状態といえる。エンゲージメント・愛社精神はともに、社員が属している企業や仕事に対して誇りをもち、「会社に貢献したい」「成果を出したい」と思っていることを指す。図表1-3に示したように、個人や組織を活性化するためには、「イノベーション」「リスキリング」「エンゲージメント」が不可欠だ。そしてエンゲージメントが向上すると、学ぶ意欲が高まり、リスキリングへの行動意欲が刺激され成果が得られやすい。

　会社と社員との関係は、これまで終身雇用のもとで、会社が定年まで社員の面倒を見る代わりに、社員は会社に指示・指定された仕事を行うという「主従（親子）関係」だった。これからは、図表1-7に示す通り、企業・社員双方の成長・発展に貢献するために、お互いがもっている能力や才能、ケイパビリティを提供し合う「対等なパートナー（恋愛）関係」に変わっていく。

　リスキリングを進める場合にも、「従業員と会社は対等」という認識をもっておくことが重要だ。なぜならば、「会社としてやりなさい」と指示・命令的にリスキリングを進めると、"会社からの押しつけ"と社員から受け取られ、内発的な動機づけが図られずモチベーションが高まらないからだ。

　図表1-7は会社と社員とがそれぞれの価値を提供し合うバランスのイメージだ。会社が努力すべきことの総和と、社員が努力すべきことの総和がバランスをとっていることがポイントである。このバランスが崩れると社員の離職やぶら下がり社員を生むことになる。「今ある仕事を素直にやっておけば悪いようにはしない」という発想では社員は納得しない。

　会社は新しい仕事の創出や成長・キャリアアップの機会を社員に提供し、社員に会社で働く誇りをもってもらい、「会社に貢献したい」「成果を

■ 会社と社員の提供価値のバランス（イメージ）

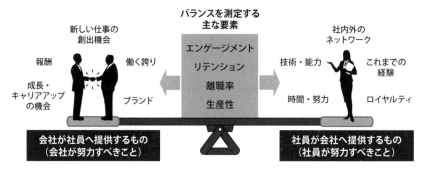

出したい」という感情を抱いてもらうことが必要である。

　会社と社員との関係が変わることにより、自社の魅力づくりに関して感度が乏しい会社では優秀な人材が流出することにつながる。これまで、多くの社会人にとって自分のキャリアは社内の人事異動や配置転換によって形成されることが当たり前だった。

　しかし、これからは「キャリアは自分自身で創り上げなければならない」と考える社員が増えるだろう。コロナ禍の数年間に自分の働き方や働く内容について考えている若手社員は多い。その中で自ら働く場所や内容を変え、学び直しを行うために大学院へ行く社員もいる。自分のキャリアを自分でデザインしたいという意欲は優秀な人材ほど強い。企業は、優秀な人材をつなぎとめておくことができる魅力について社員から問われているのである。

エンゲージメントに影響を与える要因

　エンゲージメント（社員の働きがい）とは会社と社員が対等な関係の上に成り立つということを理解いただけたら、エンゲージメントに影響を与える要因について考えてみたい。

　働きがいに要因はいくつかある。KPMGが複数の企業に対して行った調査では、エンゲージメントと相関が高く、かつ負の影響を与える因子

図表1-8 エンゲージメント（社員の働きがい）に負の影響を与える5つの因子

は、「評価」「働き方」「会社・仕事への誇り」「業務量・業務時間」「上司のマネジメント」であった（図表1-8）。業界・属性によって多少の差はあるが、これらの要因はイノベーションの創出に少なからず影響を与えるため考察を加える。

①評価

　成長に見合った評価がなされ報酬を得ていることとエンゲージメントへの影響は相関関係にある。また、最近は「業務量の負荷に見合った評価結果になっていない」や「納得のいくフィードバックがもらえていない」という回答が増えた。これは人員が増えない状況にもかかわらず業務量が増え続ける状況において、パフォーマンスの高い社員にしわ寄せがいった結果であり、リモート環境で他の社員の働きぶりが評価者に見えにくいことがこの状況を増長させていると考えられる。

②働き方

　前述した評価とも関連するが、休暇取得者が出た場合の業務負担や、繁忙期の業務量の多さが大きなマイナス要因になることが多いようだ。リモートワークや副業等の自由な働き方を求めている社員が増えている傾向はこの働き方に大きな影響を与えることが推察される。

③「会社・仕事への誇り」

会社のネームバリューという表面的な事項でなく、社会への関わり方や存在意義、そして自社が大切にするものといった、競合他社との比較に限定しない自社の特徴や差別化を打ち出す必要がある。会社としての強みの明確化を求める社員が多くなってくると、知名度や報酬だけでは社員の働きがいは向上せず、むしろマイナス要因になると考えるべきであろう。

④「業務量・業務時間」

「社員1人ひとりに与える業務量の適切さや公平さ」が最も相関が高くマイナスにも振れやすい項目である。ただし、業務量が多いことはやりがいを低下させることとの相関はなくプラス評価も見られる。以上のことから、仕事の目的や意味づけを説明し、やりがいのある仕事を与えられるかがプラスとマイナスの評価を分けるポイントといえる。

⑤「上司のマネジメント」

この項目はプラス・マイナス両方の相関が見られ、内容によってエンゲージメントを高くも低くもする因子である。特に「対話機会の創出や頻度」は、プラス・マイナスいずれの相関も最も高いことから、対話の機会を増やすだけでなく、その中身や対話の質を社員は最も重視していることがわかる。成長に向けたキャリア支援や組織やチームのビジョン・方針・目標の伝え方において、管理職によって力量の差があると社員からとらえられている。

ここから見えてくるのは、「社会における会社の存在意義」「仕事の与え方」「対話の質の向上」がエンゲージメントを向上させる重要なテーマということだ。

最初の「社会における会社の存在意義」は、表面的ではないパーパスや理念を掲げたあとに、社員が誇りをもって実践できる職場を創出することができるかにかかっている。

残りの2つは、社員1人ひとりにとって最適なマネジメントをいかに実践できるかによっている。

まず、「仕事の与え方」については、これまでは社員の成熟度に応じてそれに見合う仕事を与えてきた。すなわち、パフォーマンスの高い社員にレベルの高い仕事を与え、低い社員には相応の仕事を与えるということだ。この人材マネジメントのやり方は、報酬や労働負荷の公平・公正さの観点から社員のエンゲージメントを下げる要因であり、新たなマネジメントを考え出さなければエンゲージメントは向上しない。役割に応じた処遇に加え、社員1人ひとりへキャリアを含めた指導、助言が必要であろう。

　次に、「対話の質の向上」は、管理職が社員の発言を受け止め傾聴する力と自らの考え方や伝え方のスキルを向上させることである。自分の考えを伝えるには、なるべく引用をやめることが効果的だ。よくあるのは、経営者の言葉を管理職が引用して「こういっているから」といって部下の理解を求めるというものだ。これは指示であり対話にはならない。対話は自分のポジションを明確にすることで成立する。管理職は「どうして経営者がそのような考えをもち判断しているか」を自分なりに咀嚼して、論理的に部下へ伝える力を高める必要がある。また、部下の見解が一理あるようであれば、それを黙止することなく「提案」という形に変えて上層へ伝えるなど、人に配慮できる能力も重要だ。

　以上のような社員の個別ニーズに対応できる人材マネジメントは、今後のエンゲージメントを高める重要なカギとなるだろう。

組織にイノベーションを起こす3要件の1つ「職場の多様性」

　変化が加速する時代に持続的な成長を遂げるためにはイノベーションが不可欠であり、イノベーションを起こすリスキリングを社内で進めるための「スキル」と「エンゲージメント」について解説した。ここからは、イノベーションを創発する3つの要件について考えてみよう。

　第一の要件は、「多様性のある職場環境」だ。近年、異分野の人材を集めて知識の融合を図れる環境として「DE&I」（ダイバーシティ・エクイティ&インクルージョン）が注目されている。DE&Iとは、「多様性」「公正性」「包摂性」の3つを合わせた言葉だ。イノベーションの創出には、

多様な人材が互いに尊重し合い力を発揮できる環境を実現することが必要である。

同質性の高い組織ではイノベーションが生まれにくい。企業には今、異なるキャリアや価値観をもつ多様な人材を活かすことが求められている。

組織として持続的成長を遂げるための優秀な人材を増やすためには、多様な人材が活躍し、イノベーションを創出する人材を育てる環境を整備することが必要だ。お互いに意見を出し合うことで議論が深まり、新たな考えや自分の考えを見直す気づきを得ることが学びの深化につながる。

多様性は「違和感」であり「リスク」でもある

お互いに意見を出し合うには「包摂性（インクルージョン）」という概念が必要だ。社員1人ひとりが包摂性を意識し体現できていれば、「自分が認められ受け入れられている」という欲求が組織に満たされる。結果として、社員個々人の自己肯定感が高まり、より意欲的に仕事に取り組むようになる。また、長所や能力を十分に活かせるため働きがいの向上にもつながる（図表1-9）。

図表 1-9 多様な環境が気づきを生み、新たな考えを創出する

**1人ひとりの違いを認め合い、個々の能力を最大限に活かす
「インクルージョン（包摂性）」の重要性が高まっている**

しかし、私たち日本人は自分とは異なる見解に対する寛容性・許容の度合いが欧米人に比べて低い傾向にあり、自分と違う考えや行動に対して否定的な感情を抱きがちだ。この傾向はイノベーションの発揮に向けては大きなハードルになるだろう。

　ポイントは、自分と違う意見に対する感情の揺らぎをどう処理できるかだ。多様性は違和感でもあり見方によればリスクでもある。しかし、それを乗り越えないと社会に適応できなくなるのである。

「専門化」より「融合化」

　第二の要件は、「ビジネス」「テクノロジー」「デザイン（問題提起と問題解決）」の3領域のスキルだ。これら3つの領域から働きかけることでイノベーションは創出される。

　ポイントは、複数領域のスキル習得である。「ビジネス」「テクノロジー」「デザイン」の専門人材をそれぞれ育成しただけでは、イノベーションにはつながらない。

　なぜなら、単独の専門的視点は特定領域の課題解決に限れば有効だが、会社全体でとらえた課題には複雑な要素が絡むため、全体として最適かつ有効な解決につながらないからだ。ある特定の専門分野だけに優れた人材は知見があり深い知識をもっているが、発想が限定的になりがちだ。

　したがって、専門人材の融合を図る「ジョブローテーション」による育成を意識すべきである。

　また、イノベーションを創発する組織づくりの観点からも3つの領域を融合させることに重点を置くのがよい。ジョブローテーションを工夫するだけでなく、「ビジネス」「テクノロジー」「デザイン」、それぞれに強みのある人材でチームを組成することが有効だ。

　分業ではなく融合させる仕組みができれば、ひとりの人材が3つの領域すべてを満たしていなくても、組織やチームとして満たすことができる。多様な視点を取り入れることで実効性の高い意見交換が可能となり、イノベーションの創出に近づくのである。

最後のポイントは、これらの領域の知識をゼロから積み上げで学ばせる
だけではなく、社員の特性によっては考え方やエッセンスを学んでもらう
だけで十分という場合もあるということである。たとえば、ベテラン社員
がこれまで蓄積してきた経験や知見をこの3つのどの領域で活かすことが
できるかについて考えてもらうことだ。この点を理解しておくと、このあ
とに述べる協働にも役立つ。

コラボレーションによる感情の揺さぶり

　第三の要件は、「協働（コラボレーション）」である。協働とは、異なる
立場や強みをもつ複数の者同士が、共通の目標のために責任と役割を分担
し、力を合わせて実行することを通じて成果をあげることである。

　今、日本企業はこれまでの事業の前提をとらえ直す時期にきている。将
来の事業の姿は現在の延長線上にはなく、未来の姿から今やるべきことを
考える思考の転換が必要であり、人材活用の裾野を広げることが大切だ。
人材の「考え方の違い」を活用し、多様な経験を積んだ企業対企業、ある
いは個人対個人がさまざまなレベルで議論することを通じて自分が知らな
かった考えや視点に気づき、感情に揺さぶりをかけ合いながらイノベー
ティブな商品やサービスを創り出す協働が必要である。

活発な意見交換には、対話力と相手へのリスペクトが不可欠

　そして、協働の活性化は、お互いの異なる考えを伝え合い、ひらめきや
活発な意見交換を誘発する「健全な対話」がなければ成り立たない。

　リモート環境という時間や場所にしばられない環境でアイデアを共有す
るためには、設備やセキュリティといったネットワーク環境の整備に加
え、メンバー同士の自発的で自由なコミュニケーションが必要である。そ
れには、途切れず、同じ内容を繰り返すことなく話が発展する「対話力」
がネットワーク時代でますます重要になってきている（図表1-10）。

　健全な対話には、「物事の見方は人によって異なる」ということを理解
するとともに、相手へのリスペクト（相手を尊重する気持ち）によって、

個人によるインプット

- ●ひとりで学ぶ
- ●メールで意見をもらう
- ●感想や考えをまとめる

対話を通じた気づきの獲得

- ●自分の思いを伝える
- ●他人の意見から気づく
- ●新しいアイデアを創発する

心理的安全性、すなわち、この組織では自分が異なる意見をいっても、拒否されたり関係が破綻したりすることはないという安心感が担保されていることが不可欠である。

　社員1人ひとりが、相手の心情を推し量ることなく自分の考えをありのままに伝えられるようになると、議論が深まりそして広がることで新たな気づきが生まれ、イノベーションを創発する土壌が形成される。

イノベーション創発を図る リスキリングを始める前に

　ここまで、人的資本経営の観点からリスキリングの重要性を述べ、これから日本企業の持続的な成長に必要となるイノベーション（新しい切り口・とらえ方・活用法）について解説してきた。ここからは、イノベーションの創発を図るリスキリングの事前準備と留意点について解説する。

これまでの成功体験を手放すアンラーニング

　リスキリングというと「学びを蓄積すること」をイメージする人は多いが、学びを蓄積する前に、これまでの学びを手放す「アンラーニング」が有効だ。

アンラーニングとは、有効でなくなった知識やスキルを手放すことだ。なぜそれが必要なのかというと、新しいスキルを獲得するうえで障害になる要因が、現在保有しているスキルであり、それを獲得してきた経験や記憶だからだ。特に、これまで長年経験してきた仕事に対する見方、考え方、行動の仕方は脳に刻まれ、成功体験によってさらに粘着化する。

　このように、過去の成功体験で得た考えや行動の仕方がその人の固定観念や価値観、先入観となって、それにそぐわない考えや意見を聞き入れなくなってしまう。この状態では新しいスキルのアップデートは望めない。「これまではこのやり方でやってきたから」という理由で、いつまでも同じ知識やスキルに固執するばかりでは、新しい考えを受け入れることはできない。

　創造力や革新力のある組織づくりには、「常に新しい考えにアップデートしていこう」という組織の共通認識が必要である。アンラーニングを行い、これまで蓄積したノウハウやかつての成功の味を棄却することを心掛けていると、異なる考えを受け入れる心の余裕と新たに必要なものを取り入れるゆとりが生まれるのだ。

主体的に学ぶには、健全な危機意識が不可欠

　リスキリングの話になると、「何を学べばいいのか？」という疑問を頭に浮かべる人は多い。リスキリングという言葉が、DXに関連した知識や技能について学びを積み重ねるという意味やイメージでとらえられやすいからだろう。しかし、社員がスキルを獲得する前にまず必要なのは「なんのために学ばないといけないのか」を考えることだ。

　社員に主体的に学ぶことへの意欲をもってもらうカギは、「健全な危機意識」だ。健全な危機意識とは「今のままではまずい、なんとかしなければ」という規範となる考え方・価値観をもち、自分事として自己変革としてのリスキリングに取り組む問題意識をいう。健全な危機意識は、新しいスキルの吸収を加速させるだけでなく、変化への柔軟な対応力や、挫折や苦境から立ち直る精神的な力のベースになる。

逆に、社員に危機意識がないと、「今のうちは大丈夫だろう」「会社がなんとかしてくれるだろう」といった、ぶら下がり志向の社員が増えることになる。

社員の危機感のなさを嘆く経営層は多いが、健全な危機意識をもってもらうために留意すべきは、「自ら抱いた危機感は役に立つが、他人に煽られた危機感は役に立たない」ということである。人間は、他人が提示した"アメとムチ"の使い分けでコントロールされると自発性が破壊されるといわれるため、社員自らが危機感を醸成する施策が必要である。

有効な「経営トップのメッセージ」と「仕事を奪われる実例の提示」

そこで、社員に健全な危機意識をもってもらうにはどうするかだが、まずひとつ目は、社員にリスキリングの必要性を理解し納得してもらえる情報の公開と、経営トップのメッセージが有効である。経営トップ自ら会社の将来ビジョンや戦略を説明したうえで、今後のキャリアは社員自らが考えてスキルアップを図らなければならないことを語ることだ。ただし、経営層の伝える将来ビジョンや戦略について社員に自分事として理解してもらうためには、管理者が翻訳して伝えないと的確に伝わらないことが多いので注意が必要だ。

今後はデジタル化の進展によりさまざまな局面で人材が余ってくる可能性が高い。余った人材を所属する組織の中だけで抱えようとすると、それらの人材を抱えるための仕事を新たに用意することにつながり、組織の効率性を損ねる危険がある。そこで、具体的な対策を利害当事者の社員同士で議論するのはどうだろうか。たとえば、生成AIの導入が進むと、経営企画部門などコーポレート部門の人員が今ほど必要でなくなる可能性も出てくるだろう。そのことに対して社員同士で対話する機会を設けるのは有効だ。

以前、ある企業のコーポレート部門に対して生成AIが自分たちの仕事に与える影響についてアンケート調査を行った際、「自分たちの仕事がなくなる」と感じている部門と、「まだ先の話だ」と考えている部門とに分

かれた。法務部門や知財部門の社員は前者の考えが強く、次のあるべき業務の議論を始めている。

実例を見せることで考えが変わった経営企画部門もある。たとえば、生成AIを活用すれば、エクセルやパワーポイントも自動生成できる時代が来る例を見せることで、今後自分たちが経営企画部門としてどんな価値を提供すべきかを考えなければいけないという意識になってくる。

このように「AIに仕事を奪われる」という具体的例示を説明することで健全な危機意識を植えつけ、リスキリングに向かわせる有効な手段のひとつになるのではないだろうか。自ら抱いた健全な危機意識はチームの結束を高めるのである。

社員に健全な危機意識をもってもらうための2つ目のポイントは、これからの自分自身のキャリアを考えてもらうことだ。しかし、若い世代ほどキャリアパスを見せてもあまりピンとこない会社も多いようだ。というのは、若手社員は自分自身の生活を中心に据え、転職や異動を加味して自分のキャリアを考えており、同じ会社や部門で働き続けるイメージをもっていないことが多いからだ。

そこで、社内でのキャリアを考えてもらうには、若手が中堅に上がる段階で、社内のさまざまな業務を見せることも有効だ。社内の他の部門がどんな仕事をしているかを公開し、「この部門で働くとどういった経験を積めるのか」を含め魅力度をアピールする場をつくるのである。加えて、部門長の社員の囲い込みを防ぐために組織をフラット化し、部門数を減らして大きなひとつの組織にしようと試みている企業もある。その取り組みの成果か、他部門に異動希望を出す若手社員は減ったという。

また、50歳を超えたベテラン社員に「今後のキャリアについて考えてください」といっても「いまさらキャリアといわれても」と戸惑う社員が多いことが推察される。これまでのキャリアを違う環境でどう活かせるかを考えてもらうほうが現実的である。これまでのキャリアについて見つめ直し、これからのキャリアへの関心を高めることで、社員は自発的に学ぶようになると考えられる。

学んだ知識を実践できる環境の提供

　スキルは学びによって身につき、努力によって向上する。2022年度の有価証券報告書や統合報告書を見ると、人的資本の文脈で教育投資の拡大をうたう企業は多い。しかし、自律型社員の創出という掛け声のもと、全社員に画一的な研修を実施するだけでは不十分だ。重要なのは、企業にとってこれからのビジネスを推進するのに必要となるスキルを明確にして、インプットしたスキルを実践できる環境を与えることである。

　社員が「学ぼう」と感じるのに必要なのは、（1）学びを実践できる環境があること、（2）自分がどう成長できるかの段階や道筋がわかること、（3）成長に見合った評価・報酬があること、の3つだ。学んだことを発揮して成果を出す"場"があれば熱量が上がり、実践の場を通じて仕事の技量や成熟のステップがわかると自分の立ち位置が明確になる。それにより努力を重ねた結果、成果（アウトプット）が周囲に認められ報酬アップにつながると、学ぶモチベーションはさらに高まっていく。

アウトプットがあってこそ学習成果は成就する

　学習には知識・スキルを吸収する「インプットの側面」と、吸収した内容や知識の成果を出す「アウトプットの側面」がある。もともと日本の「学び」は「まねる」が由来で、上司や先輩のやり方をまねする習慣が根強く、インプット偏重の受け身な意識になりやすい。

　しかし、学習というインプットはアウトプットがあればこそ成就すると考えるべきだ。知識を一方的に享受するだけでは不十分で、学んだ知識をどれだけ成果につなげられるか（アウトプット）の意識を高めていく必要がある。そのためには学んだことを成果としてアウトプットできる環境を先に準備しておき、それに必要な学びをインプットさせることが効果的だ（図表1-11）。

　人は、やる気があるから動くのではない。動きたくなる環境があってはじめて動き始める。社員がスキルを得る前に、企業はそのスキルを発揮で

図表1-11　アウトプットする環境こそスキル習得の場

図表1-11　アウトプットする環境こそスキル習得の場

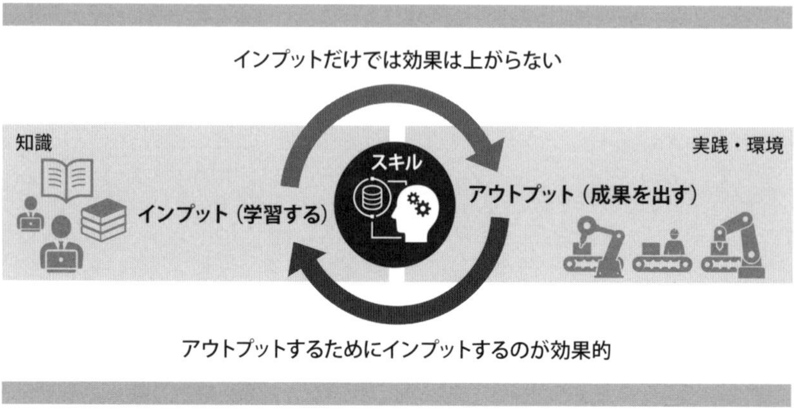

きる環境を整備することが急務である。

第1章のまとめ

● リスキリングは、企業が持続的な成長を遂げる「組織的教育」であり、人的資本経営の戦略要素のひとつとして個人や組織を活性化させる重点的な施策である。リスキリングに取り組む企業は、今のリスキリング施策が「個人や組織の活性化につながっているか」を検証して進めることが求められる。

● 企業の持続的成長に不可欠なイノベーションを考えるには、スキルとエンゲージメントの考えが必要で、スキルは知識を活用する考え方・行動の仕方であり、エンゲージメントは、会社と社員との関係が「主従（親子）関係」から「対等な（恋愛）関係」に変わったことを認識できるかが重要になる。

● リスキリングを始める前に、これまでの成功体験から得た固定観念や先入観を手放す「アンラーニング」が有効であり、主体的なリスキリングへの取り組みには健全な危機意識が必要である。

第2章

リスキリングで目指すべき
人材要件とは

1

なぜコーポレート部門から
リスキリングを始めるのか

　第1章では、経営戦略と整合した人材戦略を立案することの重要性と、人材戦略において個人や組織を活性化させる重点的な施策としてリスキリングの必要性を解説した。

　本章では、経営戦略の推進において必要となる組織のあるべき姿を描き、それを実現するために必要な人材像を定義する。特にコーポレート部門にフォーカスを当て、リスキリングを実施するにあたって目指すべき組織像とその組織を機能させるために必要となる人材像について具体的に検討する。

　リスキリングの取り組みが進んでいない日本企業において、「なぜコーポレート部門からリスキリングを始めるのか？」について、最初にその意図と狙いを明らかにしておきたい。

　コーポレート部門からリスキリングに取り組むことで日本企業の経営にどのような効果が期待できるのであろうか。KPMGでは、不確実性の時代において、日本企業がこれからも持続的に成長していくためには、CFO（最高財務責任者）、CHRO（最高人事責任者）、CLO（最高法務責任者）等のCEO（最高経営責任者）をサポートするコーポレート部門のCXOの存在が非常に重要になると考えている。CEOを支える優秀なCXOを継続的に輩出するコーポレート部門に変革することができれば、日本企業における大胆かつスピーディな意思決定変革に効果的に作用することが期待できる。

　また、コーポレート部門が、事業に寄り添って、事業部門が抱えている課題解決を支援しなければならないケースも増えてきており、コーポレー

ト部門メンバーにも従来とは異なる能力が必要となってきている。

　これまで、業務オペレーション部隊として発展してきた日本企業のコーポレート部門において、経営変革や事業課題の解決を支援できるような付加価値の高い業務へのシフトは難易度が高いとされている。

　こうした背景から、コーポレート部門からリスキリングを始めることで、リスキリングのノウハウが社内に蓄積され、事業部をはじめとしたコーポレート部門以外の部門におけるリスキリングが効果的に進められると考えられる。

2

日本企業のコーポレート部門の現状と課題

┃ "バック"オフィス、スタッフ部門の位置づけ

　コーポレート部門とは、経営企画、経理財務、人事、情報システム等の各機能を備えた組織機能の総称である。コーポレート部門は企業経営に必要とされる資金・資産・人材・情報等の全社的経営資源を管理・統括する機能をもっており、企業の持続的成長や企業変革に関する意思決定において、これらの経営資源を差配できる重要な役割期待を担う部門である。

　たとえば、経営企画部門は中長期の持続的・安定的な企業成長を目的としてグループ全体視点での戦略を立案する。また、その戦略を実現するために各事業・各地域に対して最適なポートフォリオを検討し、必要な投資可能枠を割り当て、具体的な経営目標値を設定することで、企業価値の最適化を主導する役割が期待される。

　経理財務部門は、金融市場の各種ステークホルダーとの適切なコミュニケーションを通じて、企業経営に必要な資本を企業にとって最適な形で調達する。また、投下資本に対するリターンをモニタリングして、事業・地域戦略の成果を把握し、当該戦略の推進活動に対する適切なアドバイスの提供や、必要に応じて是正措置を講じるなどの役割が期待される。

　人事部門は、人材の採用・教育・評価・処遇・異動・動機づけ等の諸活動を通じて、優秀な人材を継続的に確保し、企業経営や事業運営を担い得る人材を量・質の両面から担保する役割が期待される。

　しかしながら、現在、日本企業の多くのコーポレート部門は、前述した

ような企業の持続的成長や企業変革に関する意思決定において、これらの経営資源を差配する役割期待を果たすことができていない。

定型的・定常的な業務オペレーションの執行部隊としての価値発揮しか実現できていないことから、経営層からは"バック"オフィス部門、またはスタッフ部門としての位置づけで認識されていることがほとんどだ。

たとえば、経営企画部門は事業・地域・グループ各社が立案した各種計画を統合・調整してグループ中期経営計画や年間予算として取りまとめているだけにとどまり、予算配分も硬直化しており、事業環境や競争環境に対応した戦略的予算編成には対応できていないことが多い。

経理部門は一般的な会計仕訳と財務諸表作成といった制度会計業務や入金支払管理が主な業務となっており、入手された経営情報の分析による経営意思決定へのアドバイス業務等は十分に実行できていない。

財務部門では、自社の経営戦略や将来的な成長可能性等をアピールするような、金融市場との効果的なコミュニケーションが不足しており、合理的な資本政策による資金調達は十分に実践できておらず、グローバルでの経済活動に必要とされる資金管理の最適化も一部にとどまっている。

人事部門は、各部からの要員要求への都度対応・調整や既存の労働法制・人事制度に則った定型業務がほとんどであり、戦略的かつ計画的な人材配置、機動的な制度設計および見直し等への対応は不十分といわざるを得ない。

コーポレート部門の果たすべき役割の具体化から始める

市場環境が安定的に成長してきたこれまでは、事業・ビジネスも安定的に成長・拡大することができたので、コーポレート部門も成長する事業・ビジネスのバックオフィスとしての業務対応機能を備えるのみで事足りていた。むしろ事業・ビジネスの変化に個別対応する業務執行の役割が求められていたといっても間違いではないであろう。

高度経済成長の時代を終え、2000年代に入り、さらに不確実性の時代に突入している現在において、コーポレート部門は本来のコーポレート部門としての役割期待を発揮すべきだ。

　1990年代以降の失われた30年の間に、欧米や新興国との比較でビジネスモデル変革や技術的なイノベーションで後れをとった多くの日本企業において、コーポレート部門が本来果たすべき役割期待を果たせていなかった。

　日本企業の生き残りをかけて、コーポレート部門は存在感を発揮して、重要かつ大胆な企業変革に関する経営意思決定支援や、直面するさまざまな経営リスクに対する高度な経営判断支援、および変革に機動的に対応できる経営資源調達と最適配置に貢献しなければならない。

　企業の経営層からは、企業戦略・事業戦略の立案と推進におけるコーポレート部門の積極的、主体的貢献を期待する声を多く聞く。また、コーポレート部門もこのような経営層の期待について理解し、現状との期待ギャップ解消について課題認識をもっているところだ。

　他方で、コーポレート部門が果たすべき役割期待が抽象化されたレベルにとどまっており、コーポレート部門要員のロールモデルや、必要なスキルなどが明確になっていないという声も多い。コーポレート部門のリスキリングの検討を始めるにあたっては、まずはコーポレート部門の目指すべき姿の具体化の検討から始めなければならない。

3

変革が求められている
日本企業のコーポレート部門

　市場ニーズの変化や競争環境の変化にさらされている製造・販売・研究
開発等のビジネス部門に比べて、コーポレート部門は従来までは変化に対
応する必要性が少なかった部門といえる。法制度の改定や、業務システム
変更等の変化頻度は少なく、制度と業務設計後は、当該制度と業務に沿っ
たオペレーションスタッフとその管理者という安定的な関係性のもとで職
務が遂行されてきた。

　しかしながら、現在ではコーポレート部門にも著しい環境変化が起こっ

図表 2-1　コーポレート部門が直面している主な環境変化

Politics （政治・法制度）

企業価値最大化要求のさらなる高まり

- 株式市場から企業価値最大化に向けた会社経営の要請が高まっており、多くの企業でROE・ROIC等を目標指標に掲げた経営にシフト
- 財務的価値のみならず、人的資本、ESGに関する情報開示の義務化も進み、重要経営課題として位置づけ

Society （社会環境）

**生産年齢人口の減少・社員属性や
価値観の多様化**

- 少子高齢化社会による生産年齢人口の減少が止まらず、足元での人材不足は深刻化
- さらにエルダー、女性、Z世代等、多様な属性・価値観をもつ従業員の有効活用が課題に

**変革
必要性**

Economy （経済環境）

生産性の改善は待ったなしに

- OECD加盟国の大半の国の労働生産性が伸びているなか、日本は31位と低迷
- 業務執行の効率性の向上のみならず、付加価値創造に向けた活動への貢献が期待される

Technology （技術・テクノロジー）

**デジタルテクノロジーの急速な発展・
汎用化**

- 導入が進むデジタルテクノロジー
  - ✓過去：RPA等の自動化テクノロジーの導入
  - ✓直近：コロナ禍での電子化とリモートワークテクノロジー
  - ✓現在・将来：最新テクノロジー生成AIの汎用化
- DXで生産性を向上させ、イノベーション創出が課題に

ている。不確実性の時代といわれ、事業そのものを超えて企業経営全体にインパクトを与えるような環境変化が生じているのである。本節では、当該環境変化をPESTの観点でコーポレート部門が直面している環境変化とそれに対応するための変革を整理した。

PEST分析とは、自社を取り巻く外部環境が、現在もしくは将来的にどのような影響を与えるかを把握・予測するためのフレームワークである（図表2-1）。PESTの「P」はPoliticsの頭文字で政治・法制度の変化による影響を、「E」はEconomyの頭文字で経済環境の変化を、「S」はSocietyの頭文字で社会環境の変化を、「T」はTechnologyの頭文字で、技術・テクノロジーの変化を表している。

Politics：政治・法制度の変化
——株式市場からの要請による企業価値経営への対応

PEST分析の「P」である政治・法制度の変化が、コーポレート部門にどのような影響を与えているかを検討する。日本の株式市場では、経済産業省が公表した「持続的成長への競争力とインセンティブ〜企業と投資家の望ましい関係構築〜」プロジェクト（通称：伊藤レポート）をはじめ、コーポレートガバナンス・コード、東京証券取引所によるPBR1倍割れ企業への改善対策検討要請等が次々と発信されている。企業価値経営の推進が企業経営において重要視される時代となった。

また最近では、その流れは財務的価値のみならず非財務価値までを含めた対応を求めるところにまで発展している。

企業経営において必要となる「資金」「資産」「人材」「情報」等の経営資源をつかさどるコーポレート部門でも、こうした株式市場の制度の変化に対応して、投下資本効率の最適化を意識しなければならない。資本コストの把握や事業ポートフォリオマネジメントの導入、人的資本に関する目標値の設定や目標達成に関する情報開示の対応、ESG（環境・社会・ガバナンス）を意識した経営改革が求められている。

すなわち、これからのコーポレート部門は、財務・非財務両面での企業価値の最適化に向けた「資金」「資産」「人材」「情報」等の収集・管理および分析機能を強化しなければならない。より最適な経営資源の配置の実現において、従来よりも能動的な役割を発揮する部門であることが求められる。

Economy：経済環境の変化
── 日本企業における生産性向上課題への対応

次にPEST分析の「E」である経済環境の変化がコーポレート部門にどのような影響を与えているかを検討する。経済協力開発機構（OECD）加盟国比較において、日本の生産性の低さが顕著となっているのはご存じのとおりである。

公益財団法人日本生産性本部の「労働生産性の国際比較 2023」によると、2022年の日本の就業者1人当たりの労働生産性は、85,329ドル（833万円）であった。これは、OECD加盟38カ国の中で31位となっている。

また、労働生産性は就業者1人当たりだけでなく、就業1時間当たりとして計測されることも多い。特に近年は、長時間労働に依存しない働き方を試行する中で、より短い時間でどれだけ成果を生み出したかを定量化した「時間当たり労働生産性」が利用されるようになっている。2022年の日本の就業1時間当たり労働生産性は、52.3ドル（5,099円）で、順位を見ると、OECD加盟38カ国中30位となっており、データ取得可能な1970年以降、最も低くなっている（図表2-2）。

同じくOECDの統計によると、モバイルブロードバンドの普及率では日本は2位となり、社会インフラは整備されている一方で、国際経営開発研究所（IMD）の世界競争力センターの「IMD世界デジタル競争力ランキング」の2023年版デジタル競争力ランキングで日本は前年の調査から3つランクを下げた32位となり、本調査においても2017年の調査開始以来過去最低となっている。IMDはこの日本の結果について、技術的枠組み

図表 2-2　OECD 加盟諸国の労働生産性比較

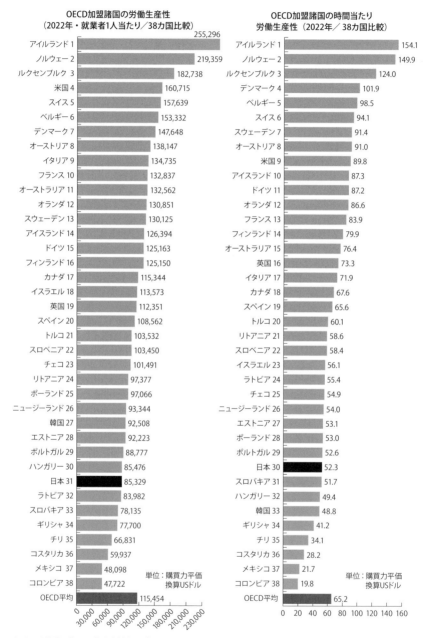

OECD加盟諸国の労働生産性 （2022年・就業者1人当たり／38カ国比較）	OECD加盟諸国の時間当たり 労働生産性（2022年／38カ国比較）
アイルランド 1　255,296	アイルランド 1　154.1
ノルウェー 2　219,359	ノルウェー 2　149.9
ルクセンブルク 3　182,738	ルクセンブルク 3　124.0
米国 4　160,715	デンマーク 4　101.9
スイス 5　157,639	ベルギー 5　98.5
ベルギー 6　153,332	スイス 6　94.1
デンマーク 7　147,648	スウェーデン 7　91.4
オーストリア 8　138,147	オーストリア 8　91.0
イタリア 9　134,735	米国 9　89.8
フランス 10　132,837	アイスランド 10　87.3
オーストラリア 11　132,562	ドイツ 11　87.2
オランダ 12　130,851	オランダ 12　86.6
スウェーデン 13　130,125	フランス 13　83.9
アイスランド 14　126,394	フィンランド 14　79.9
ドイツ 15　125,163	オーストラリア 15　76.4
フィンランド 16　125,150	英国 16　73.3
カナダ 17　115,344	イタリア 17　71.9
イスラエル 18　113,573	カナダ 18　67.6
英国 19　112,351	スペイン 19　65.6
スペイン 20　108,562	トルコ 20　60.1
トルコ 21　103,532	リトアニア 21　58.6
スロベニア 22　103,450	スロベニア 22　58.4
チェコ 23　101,491	イスラエル 23　56.1
リトアニア 24　97,377	ラトビア 24　55.4
ポーランド 25　97,066	チェコ 25　54.9
ニュージーランド 26　93,344	ニュージーランド 26　54.0
韓国 27　92,508	エストニア 27　53.1
エストニア 28　92,223	ポーランド 28　53.0
ポルトガル 29　88,777	ポルトガル 29　52.6
ハンガリー 30　85,476	日本 30　52.3
日本 31　85,329	スロバキア 31　51.7
ラトビア 32　83,982	ハンガリー 32　49.4
スロバキア 33　78,135	韓国 33　48.8
ギリシャ 34　77,700	ギリシャ 34　41.2
チリ 35　66,831	チリ 35　34.1
コスタリカ 36　59,937	コスタリカ 36　28.2
メキシコ 37　48,098	メキシコ 37　21.7
コロンビア 38　47,722	コロンビア 38　19.8
OECD平均　115,454	OECD平均　65.2

単位：購買力平価換算USドル

出所：公益財団法人日本生産性本部「労働生産性の国際比較2023」

や科学的集積における優位性を、ビジネスの俊敏性、規制の枠組み、労働生産性が阻害する構造が変わらないまま低落が続いていると指摘している。

電子帳簿保存法の改正や、電子決済取引等のデジタル適用が一部進みつつあるが、現在でも旧来的なルールや紙ベースでの処理など、日本企業にはアナログ的な管理手法が多く残っている。特に間接業務を主体とするコーポレート部門の業務はその傾向が強い。

また、事業成長に比してコーポレート部門の人員増加による人件費負担比率の拡大を企業経営の課題として認識している企業も多い。特に海外市場への進出によるビジネスの拡大と利益の創出を実現する一方で、日本本社のコーポレート部門が事業の成長を効率的かつ効果的に支えきれておらず、生産性の低い、回収すべき固定費として認識されている。

事業の成長を支え得る生産性の高いコーポレート部門への変革に向けて、コーポレート部門における生産性の向上について定義しておきたい。

コーポレート部門における生産性とは、コーポレート部門業務の推進にあたって、投入する人員・工数を可能な限り最小化し、求められる業務品質・スピードを維持する「インプットの適正化」と、事業成長に寄り添いサポートして、高付加価値サービスを提供する「アウトプットの最大化への貢献」という2つの要素から成る。

インプット適正化を図る

日本企業のコーポレート部門の多くは、部門・部署ごとにサイロ化・個別最適化された業務設計となっており、業務システムによる自動化の範囲が狭い。また、紙証憑とハンコによる承認・決裁プロセスが業務の広範囲にはびこっているため、人員・工数をかけた業務オペレーションが定常化してしまっている。部門・部署を横断して最適化された業務設計を行い、さらに紙証憑の電子化と自動化・リモート化を実現するさまざまなテクノロジーを有効活用して、より少ない人員・工数で業務を遂行し得るコーポレート部門への変革が必要である。

アウトプットの最大化に貢献する

　インプットの適正化を実現することで、これまで業務オペレーションの遂行にかけていた人員・工数を、事業・ビジネスの成長や利益の拡大に貢献する高付加価値サービスの提供業務にシフトしなければならない。

　ここでいう高付加価値サービスとは、企業経営において有限である経営資源をどの事業・ビジネスに投下して、企業の持続的かつ安定的な成長を実現するのかといった高度な経営判断において必要な情報の提供などが該当する。

　また、新規の事業・ビジネスの開発において新たに直面する財務会計・人事労務、法務等の専門的な知見提供等の実施も高付加価値サービスとなる。

Society：社会環境の変化
── 日本社会における生産年齢人口の減少／労働力の多様化への対応

　続けてPEST分析の「S」である社会環境の変化がコーポレート部門にどのような影響を与えているかを検討する。日本の生産年齢人口は減少の一途をたどっている。かつてのように大量かつ均質の労働力が供給されないことが予見されることから、量的対応に頼ることなく、人材1人当たりの質的能力の向上が不可欠な時代となった。

　過去の企業成長の中核を担ったシニア人材、社会で重要な役割を担うことが期待される女性人材、デジタル化された社会環境で育ってきたZ世代人材等、企業が雇用する人材属性の多様化が進み、従業員ごとに持ち合わせている知識・経験・価値観・労働環境が異なっている。

　かつてのような画一的な人材像を前提とした人材活用ではなく、個々のニーズや価値観に対応した人材活用対応が必要になっていると考えるべきだ。

　シニア従業員については、これまでに蓄積してきた経験や知見をこれか

らの事業・ビジネスの発展にいかに効果的に発揮してもらうことができるかの検討が重要となる。

　同様に、女性従業員に対しては、より柔軟な労務制度と労働環境を確保して活躍の機会を拡大するなど、社員満足度と社員の体験価値を向上できるコーポレート部門へと変革しなければならない。

Technology：技術・テクノロジーの変化
── 急速に発展するデジタルテクノロジーへの対応

　最後にPEST分析の「T」である技術・テクノロジーの変化が、コーポレート部門にどのような影響を与えているのかを検討する。ロボティクスの登場以降、計算加工やメール配信その他、パソコンを使った多頻度・定型業務の多くで、ロボティクスでの代替による自動化が進んでいる。ロボティクスを業務に活用することは多くの日本企業で当然の姿になっている。

　また、新型コロナウイルス感染症によるロックダウン時には、リモートワークを可能とするテクノロジーが急速に発展・導入されることになった。アフターコロナの現在でもリモートワークは定着化しており、リモートワークを前提とした周辺のデジタルテクノロジーも発展し、活用が広がっている。

　さらに、生成AIが急速に発展し、業務への適用が実現しつつあるこれからは、さらに広範囲の業務がデジタルテクノロジーで代替されることが予想される。業務で一般的に使用されているビジネスソフトウェアに生成AIが組み込まれることで、業務の自動化が加速する可能性が高くなってきた。このようなデジタルテクノロジーを有効に活用してコーポレート部門としての生産性を劇的に向上させなければならない。

4

非連続な環境変化に対応できる
コーポレート部門とは

　前節で解説したとおり、コーポレート部門は非連続な環境変化にさらされており、これらに対応するための変革の必要性が認識されている。しかしながら、変革後のコーポレート部門が保持すべき具体的な機能や組織像およびコーポレート部門の人材像等の検討が十分に行われていない。

　本節では、企業戦略としてのリスキリングを目指すことを前提に、企業戦略としてどのようなコーポレート部門を目指すべきなのかについて検討を行い、またそのコーポレート部門で必要となる人材像について明らかにしたい。

　これまでのコーポレート部門はバックオフィス部門、またはスタッフ部門として、特にオペレーション業務に多くの人員・工数を配置してきた。これからはデジタルテクノロジーを大いに活用してオペレーション業務の劇的な効率化を実現して、プロセスやデータの管理統制業務や経営意思決

図表 2-3　コーポレート部門に対する期待役割と人員配置の変化

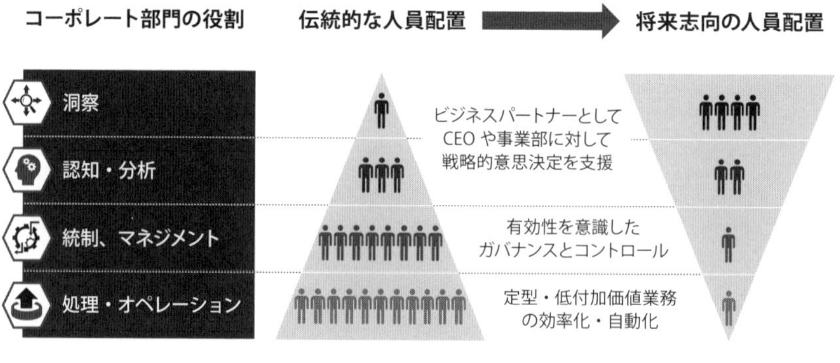

コーポレート部門の役割	伝統的な人員配置 ➡ 将来志向の人員配置
洞察	ビジネスパートナーとしてCEOや事業部に対して戦略的意思決定を支援
認知・分析	
統制、マネジメント	有効性を意識したガバナンスとコントロール
処理・オペレーション	定型・低付加価値業務の効率化・自動化

定サポート業務などの高付加価値業務に人員・工数をシフトし、逆三角形の組織人員構成を目指さなければならない（図表2-3）。

企業戦略の立案・推進を担う

コーポレートガバナンスの観点から、今後も企業価値経営の重要性がますます高まることが想定される。調達資本コストを上回る事業投資とフリーキャッシュフローの拡大といった財務的価値の拡大に加えて、ESG、人的資本経営等の非財務価値の拡大にも取り組んでいかなければならない。日本企業のコーポレート部門は業務オペレーション機能中心の役割期待から、非財務の企業価値の最大化を実現する企業戦略の立案と推進を担う役割にシフトしていくことが期待される。

企業変革のリーダーシップを担う

これからのコーポレート部門は、経営層の重要な意思決定の検討において、コーポレート部門としての専門的な立場から提言を行うことで、企業変革をリードする存在として機能していかなければならない。事業構造の見直しや競争優位の形成において、戦略的投資等の重要な意思決定を先送りし、大胆な決断を行えなかった日本企業においては、コーポレート部門のリーダーシップの発揮が期待されている。

デジタルテクノロジーを活用して
業務の劇的な効率化を実現する

将来のコーポレート部門では、デジタルテクノロジーの活用による劇的な業務効率化を実現していなければならない。たとえば、取引先ともデジ

タルデータでの取引確認を推進して、紙証憑を主体とした業務オペレーションを自動化し、さらに個別分散化・属人化している業務を見直す。このように取引事象の発生認識から各種取引の処理完了までの業務を一気通貫で処理できるデジタルプラットフォームを実現している状態が求められる。

　かつて脚光を浴びたシェアードサービスは、人員と業務を人件費の安い海外や国内の地方に移管・集約することで業務コストの低減を狙った。デジタルテクノロジーにより、これからはロケーション変更をともなわずともグループ各社のコーポレート部門業務をデジタルプラットフォームに集約して一元的に処理し、かつロボティクスを活用することでグループ全体の業務オペレーションの効率化と業務品質の確保が可能となる。

　デジタルテクノロジーの進化を常に把握して、さらなる効率化に向けた自律的・継続的な業務改善を行うことで、従来よりも少人数でオペレーション業務を遂行しているコーポレート部門に変革していかなければならない。

客観的データと高度専門知識に基づく 高付加価値サービスを提供する

　オペレーション業務の効率化によってもたらされる人員・工数の削減部分を有効活用して、コーポレート部門としての高度な専門知識を活かした高付加価値サービスの提供部門へと変革していかなければならない。

　高付加価値サービスを提供するために、コーポレート部門はより高度、かつ専門的な知識と経験を有した精鋭部隊となっていかなければならない。たとえば、事業部門が計画・推進するM&A案件において、コーポレート部門には買収先企業のデューデリジェンス（分析・評価）や買収取引業務支援知識、世界各国での税務対応に必要な税務知識等が必要となるだろう。

　また、コーポレート部門は企業内に分散管理されている各種情報を統合

し分析基盤を整備するというデータマネジメント機能をもつとともに、当該データの分析機能を高度化することによって、ビジネスへの有用な情報提供およびアドバイスの提示などが行えるようにならなければならない。

たとえば、グローバルの人材データを蓄積・管理して、適材適所の人員配置計画を策定・実行することで、事業・ビジネスの開発と推進に必要な優秀な人材を継続的に供給・配置することが可能となる。

従業員エクスペリエンスを向上させる コーポレートサービスを提供する

コーポレート部門は、提供するサービスの受益者である経営層および一般社員の体験価値を向上させる最適なサービスの設計と提供を実現しなければならない。これまでのコーポレート部門は、機能別にそれぞれ個別最適化されたサービス提供プロセスを設計していた。

これからのコーポレートサービスの提供においては、経営層・一般社員の利用状況に沿った切れ目のないサービスの提供を実現して、サービスを享受するユーザーの体験価値の向上を実現しなければならない。

たとえば、経営者の経営判断に必要な情報は多岐にわたるが、当該情報を要求に応じて適切に集約し、かつタイムリーに提供できる体制を築いておくことが求められる。また、サービス提供を受ける社員にとっては複数の担当者への問い合わせが求められ、かつ問い合わせをしても回答までに時間がかかる、回答内容にばらつきがあるなど、利便性の低い状況が多かった。

これからは、サービス総合窓口にて問い合わせを受理し、必要な後続手続きをシームレスに提供できるような部門・部署横断でのサービス提供体制を整備しなければならない。

リスキリングで実現すべき
コーポレート人材像とは

　前節では、リスキリングで目指すべきコーポレート部門について、「企業戦略の立案・推進を担う」「企業変革のリーダーシップを担う」「デジタルテクノロジーを活用して業務の劇的な効率化を実現する」「客観的データと高度専門知識に基づく高付加価値サービスを提供する」「従業員エクスペリエンスを向上させるコーポレートサービスを提供する」という5つの機能要件を導出した。

　本節では、コーポレート部門における人材要件について検討する。コーポレート部門における人材要件（図表2-4）を明らかにすることができれば、その要件を満たすために必要なスキルを具体的に明らかにすることが

図表2-4　目指すべきコーポレート部門における人材要件

ビジネスパートナー
コーポレート部門としての専門的な知識と経験および客観的なデータ分析能力を活かして経営者を能動的にサポートする役割

ビジネスプランナー／ビジネスアナリスト
プランナーは経営資源の最適配置、優先順位づけ等のシナリオオプションを設計する役割。アナリストは業績評価指標の設定と活動成果のモニタリングが役割

コーポレート人材要件

データモデラー／データマネジャー
企業経営や事業活動にまつわる多様かつ膨大なデータの設計と管理を通じて、データの利活用による付加価値創出に貢献する役割

ソリューションアーキテクト
既存ビジネス発展および新規ビジネス開発を効率化するソリューションを設計して、ビジネスに対して能動的に提案する役割

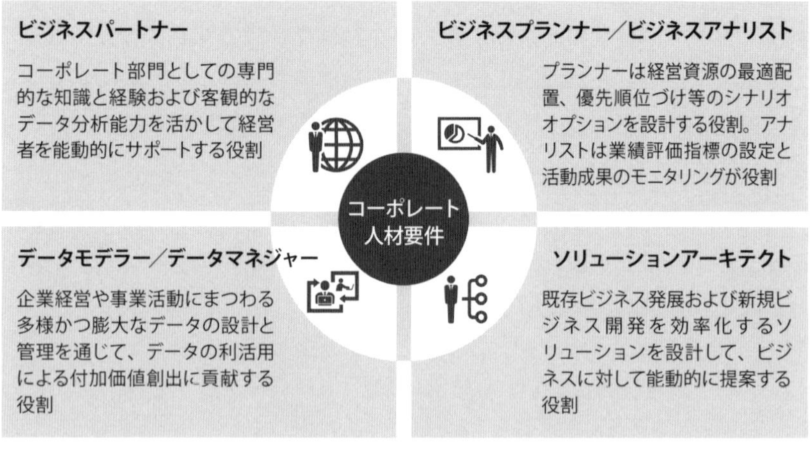

可能となり、リスキリングの対象や方法が明確になる。

経営者の意思決定をサポートする ビジネスパートナー

「ビジネスパートナー」とは、コーポレート部門としての専門的な知識と経験および客観的なデータ分析能力を活かして経営者を能動的にサポートする役割を担う人材像のことを指す。

前節で導出した5つの機能要件のうち、「企業戦略の立案・推進を担う」「企業変革のリーダーシップを担う」という2つの機能要件に該当するものが「ビジネスパートナー」である。

ビジネスパートナーは、企業戦略、中長期の経営計画および方針の検討と立案に際して、コーポレート部門で統合管理されているあらゆる情報に対する専門的な分析力を駆使する。業績把握・業績予測に関し提言することで高度な経営意思決定を支援し、必要に応じてビジネスの変革をうながす、またはビジネスの行動を客観的な立場から是正する役割を担う。

事業成長を加速させる ビジネスプランナー／ビジネスアナリスト

「ビジネスプランナー」とは、自社の事業・ビジネスに精通し、ポートフォリオマネジメントによる経営資源の最適配置、優先順位づけ等のシナリオオプションを設計する役割を担う人材像のことをいう。

前節で示した「デジタルテクノロジーを活用して業務の劇的な効率化を実現する」「従業員エクスペリエンスを向上させるコーポレートサービスを提供する」という2つの機能要件を遂行する役割を担うのが「ビジネスプランナー」である。

また、「ビジネスアナリスト」とは、事業・ビジネスのパフォーマンスドライバーを分析し、具体的・定量的な業績評価指標の設定と実際の企業

活動成果をモニタリングする役割を担う人材像のことをいう。設定した業績評価指標における計画と実績の対比分析を実施し、乖離の要因を特定して、事業・ビジネス執行責任者にフィードバックして、必要に応じて改善要請を行う。

当該機能を発揮するためには、外部環境を予測し、いくつかのビジネス課題の仮説を設定して、シナリオオプションに反映させる能力が求められるだけでなく、グループ全体目標の達成に向けて、各事業部門・グループ会社との円滑な調整・協働関係を構築するうえでの論理的かつタフなコミュニケーション能力が必要となる。

また、対外投資家に対しては、非財務価値も反映した最適資源配分の方針や将来見通しについて、明確なビジネスプランを策定して説明しなければならない。したがって、ビジネスアナリストには、非財務価値の最大化に関する定性的なパフォーマンス指標の設定とモニタリングに関するノウハウ等も要求される。

企業全般に関わる
データモデラー／データマネジャー

「データモデラー／データマネジャー」とは、企業経営や事業活動にまつわる多様かつ膨大なデータの設計と管理を通じて、データの利活用による付加価値創出の役割を担う人材像のことをいう。

「客観的データと高度専門知識に基づく高付加価値サービスを提供する」という機能要件について、当該役割に該当するのが「データモデラー／データマネジャー」である。

企業経営や事業活動におけるデータの利活用目的を明確にして、必要なデータを設計・収集および管理する能力が必要となる。

基本的な事業・ビジネスの理解に加え、パフォーマンスを測定評価する指標と当該指標を構成するデータ項目やデータ定義、データが組成される各種業務システムに関する基本的な理解が必要となる。管理する情報の範

囲は非財務価値を構成する各種情報にもおよぶため、人的資本、カーボンオフセット等の定性情報管理に関するノウハウも必要になってくるであろう。

　また、各種データの品質・鮮度の維持、関連するデータ間のコード体系の維持・整備、情報セキュリティの強化等のデータガバナンスに関する運用ポリシーの設計等のノウハウも要求される。

ビジネス運営を支援する ソリューションアーキテクト

　「ソリューションアーキテクト」とは、既存ビジネスの発展および新規ビジネス開発を効率化するソリューションを設計して、事業部門に対して能動的に提案する役割を担う人材像のことをいう。

　5つの機能要件のうち「デジタルテクノロジーを活用して業務の劇的な効率化を実現する」「従業員エクスペリエンスを向上させるコーポレートサービスを提供する」という2つの要件について、当該業務を遂行する役割を担うのが「ソリューションアーキテクト」である。

　事業規模の拡大や新規事業の開発において、そのプロセス設計やシステム導入および継続的な運用・改善が必要となるが、事業部門が個別にこれに対応するのではなく、コーポレート部門から総合的なソリューションサービスとして提供する。

　プロセス設計、最適な情報システムやロボティクス、生成AI等の最新デジタルテクノロジーの活用、および業務のアウトソーシングに関する専門的な知識等の具備が望まれる。

　また、これらのソリューションは個別適用を想定するものではなく、全体最適な形での適用を前提とする。したがって、個社・個別部門のニーズに対して、全体最適メリットを追求する方針を示して全体最適なソリューションサービスの適用をうながすような、高度なコミュニケーション能力が期待される。

ここまで、目指すべきコーポレート部門とコーポレート部門の人材像について検証を進めてきた。次節以降は、コーポレート部門の主要な部門として、経理財務部門と人事部門を取り上げ、それぞれの目指すべき機能・組織と人材像について解説していく。財務的企業価値の最大化や非財務価値（人的資本）経営の推進の要である両部門は、最も変革の必要性が高い部門といえる。情報システム部門もDXの要という意味では変革の必要性が高い部門ではあるが、情報システム部門の目指すべき姿と人材像については、すでにDXに関連する多数の書籍で言及されているところである。したがって、次節以降は経理財務部門と人事部門にフォーカスして、現行の課題認識と目指すべき姿の検討をより具体的に行うこととする。

　検討にあたっては、KPMGコンサルティングのコーポレート部門の諸活動で蓄積された情報およびノウハウを紹介しているので、ぜひ貴社のコーポレート部門の目指すべき姿の検討の参考としていただきたい。

6

目指すべき経理財務部門とは

　本節では、目指すべき経理財務部門について解説する。目指すべき経理財務部門の検討にあたって、日本企業の経理財務部門が現在どのような課題認識をもち、今後のあるべき姿をどのようにイメージしているかに関する具体的な声を参考としたい。

　また本節の後段では、KPMGが未来の経理財務部門のあるべき姿として提示している"Future of Finance"のフレームワークを使って解説する。

目指すべき経理財務部門に関する調査結果

　KPMGでは、2022年12月～2023年3月にかけて国内の上場企業のCFOを対象に行った調査結果をまとめたレポート「KPMGジャパンCFOサーベイ2023」を公表した。2019年以来4回目となる本調査は、外部環境が大きく変化する中でCFO機能に関する現状の課題について幅広く把握することを目的としている。CFOの役割の変化、経理人材、CFO機能の高度化やオペレーションの効率化、事業ポートフォリオマネジメントやリスクマネジメントなど、多岐にわたるテーマについて調査を実施し、300社以上のCFOの声を集約している。以下では、CFOサーベイの回答結果から、目指すべき経理財務部門について検証を行う。

図表 2‑5　CFO の管掌業務範囲の認識

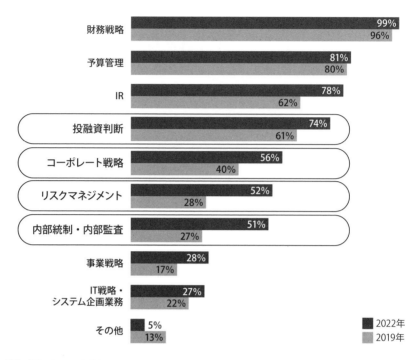

	2022年	2019年
財務戦略	99%	96%
予算管理	81%	80%
IR	78%	62%
投融資判断	74%	61%
コーポレート戦略	56%	40%
リスクマネジメント	52%	28%
内部統制・内部監査	51%	27%
事業戦略	28%	17%
IT戦略・システム企画業務	27%	22%
その他	5%	13%

出所：「KPMG Japan CFO Survey 2023」

① CFO の役割期待の変化

　「CFOの管掌業務範囲をどのように認識しているか？」という調査項目については、従来までの伝統的な経理財務部門の責任者という役割期待に加えて、より重要な経営判断に関与する役割期待の拡大を示唆する傾向が見られた（図表2-5）。

　欧米のグローバル企業と比較すると日本企業のCFOの管掌範囲は狭く、権限も限定されている傾向が見られる。日本企業のCFOもCEOのビジネスパートナーたる存在へ昇華させなければならない。CFOの役割機能を、企業価値向上に貢献することが期待されるダイナミックな役割機能として再定義し、CFOはその役割期待に応えるために、企業経営に関する変

図表2-6　次世代CFOに求められる資質

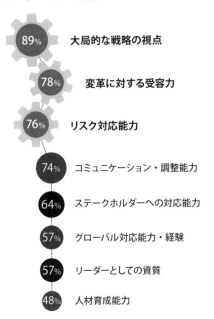

89%	大局的な戦略の視点
78%	変革に対する受容力
76%	リスク対応能力
74%	コミュニケーション・調整能力
64%	ステークホルダーへの対応能力
57%	グローバル対応能力・経験
57%	リーダーとしての資質
48%	人材育成能力

出所：「KPMG Japan CFO Survey 2023」

革・改善に積極的に関与する意思をもたなければならない。

②次世代CFOに求められる資質

「次世代CFOに求められる資質とは？」という調査項目については、不確実性の時代にCEOをサポートして企業全体を舵取りするCFOの存在を期待する傾向が見られた。

これからのCFOは、企業経営のナビゲーターとして、企業経営・ビジネスへの深い知見、デジタルリテラシー、例外事象を管理する能力、事業部門に重要なインサイトを提供するためのデータ分析力・洞察力など、幅広いスキルや経験が求められる（図表2-6）。

③経理財務機能の高度化における優先テーマ

「経理財務機能の高度化で優先度の高いテーマ」という設問については、

中期的な成長、中期経営計画の策定に対するさらなる貢献
67%

業務管理の精度・スピードの向上
62%

業績予測の精度向上
43%

事業ポートフォリオの見直し、ポートフォリオマネジメントの強化
36%

事業部門に対するインサイトの提供
26%

リスクマネジメントの高度化、リスク検知の精度向上
25%

ESG経営、サステナビリティに対する貢献
22%

M&A戦略立案、M&Aの成功への貢献
21%

不正防止、コンプライアンス、内部統制
21%

出所：「KPMG Japan CFO Survey 2023」

事業ポートフォリオの検討と中期経営計画策定から関与し、年度の予算管理のみならず、業績予測の精度向上までの機能強化が課題とする回答が多かった。

　経理財務部門は中長期的な企業価値の向上のために、経営意思決定をサポートしなければならない。計数の取りまとめに終始するのではなく、事業部門に対して業績改善行動につながるインサイトを提供する役割が期待されている（図表2-7）。

　近年、こうした高度な役割を担う機能としてFP&A（ファイナンシャルプランニング＆アナリシス）に注目が集まっている。FP&AはCFOの配下で、業績目標の達成のための計画策定やモニタリング、業績予測や分析を通じて、CEOや事業部門の意思決定を支援し、企業価値向上に貢献する機能のことをいう。事業部門と連携しながら本社のCFOは事業部門

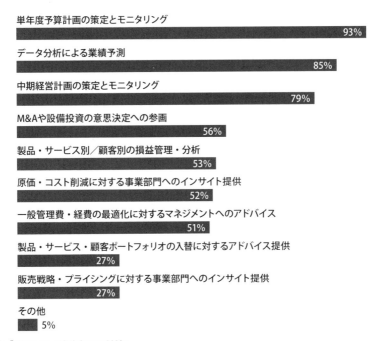

図表2-8　FP&A機能に含まれる、または含まれる予定の業務範囲

単年度予算計画の策定とモニタリング　93%

データ分析による業績予測　85%

中期経営計画の策定とモニタリング　79%

M&Aや設備投資の意思決定への参画　56%

製品・サービス別／顧客別の損益管理・分析　53%

原価・コスト削減に対する事業部門へのインサイト提供　52%

一般管理費・経費の最適化に対するマネジメントへのアドバイス　51%

製品・サービス・顧客ポートフォリオの入替に対するアドバイス提供　27%

販売戦略・プライシングに対する事業部門へのインサイト提供　27%

その他　5%

出所：「KPMG Japan CFO Survey 2023」

の計数管理や事業計画の進捗モニタリングをタイムリーに実施する。

　欧米企業では、このようなFP&A組織が機能しているが、日本企業では経理財務部門と経営企画部門で計数管理の機能権限が分かれていることが多く、FP&Aが機能しにくい状況にある。FP&A機能の強化に向けては、従来の組織や機能・権限のあり方にも踏み込んで議論を行い、適切な機能再配置を実現すべきである。

　「FP&A機能に含まれる、または含まれる予定の業務範囲とは？」という項目については、より具体的なFP&A業務の回答があるので、調査レポートを今後の機能強化の検討において参考にしていただきたい（図表2-8）。

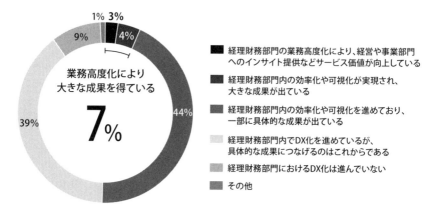

図表 2-9　経理財務部門の DX

業務高度化により
大きな成果を得ている
7%

1%　3%
4%
9%
39%
44%

■ 経理財務部門の業務高度化により、経営や事業部門
　へのインサイト提供などサービス価値が向上している

■ 経理財務部門内の効率化や可視化が実現され、
　大きな成果が出ている

■ 経理財務部門内の効率化や可視化を進めており、
　一部に具体的な成果が出ている

　経理財務部門内でDX化を進めているが、
　具体的な成果につなげるのはこれからである

　経理財務部門におけるDX化は進んでいない

■ その他

出所：「KPMG Japan CFO Survey 2023」

④ 経理財務部門におけるデジタルトランスフォーメーション

　「経理財務部門のDXは進んでいるか？」という調査項目については、多くの企業で十分な成果創出に至っていない現実が読み取れた（図表2-9）。

　多くの企業で部門別・個別の取り組みで足踏みしている状態となっているが、経営レベルでDXを強力に推進するための優先事項を明確にして、全社レベルでDXのための人材と予算を確保することが重要である。デジタルテクノロジーを活用して、より広範囲での業務効率化を早期に実現すること、そして経営情報からさまざまな示唆を得て、事業・ビジネスに反映させる付加価値の高い業務へのリソースシフトを実現することが必須となる。

　また「経理財務部門の業務の高度化に必要なデータの利用が可能な状態かどうか？」という調査項目については、データの統合管理に関しても半数近くの企業で課題が認識されている（図表2-10）。

　企業経営におけるデータ活用の重要性は、すでに広く認識されており、現実に競争力やイノベーションの差としても表れている。経理財務部門を

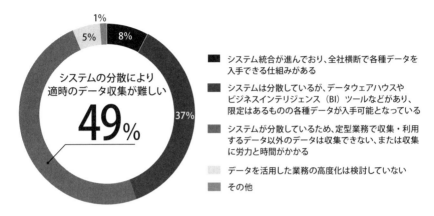

図表2-10　経理財務の業務の高度化に必要なデータの利用状態

システムの分散により
適時のデータ収集が難しい
49%

1%
5%
8%
37%

■ システム統合が進んでおり、全社横断で各種データを
　入手できる仕組みがある

■ システムは分散しているが、データウェアハウスや
　ビジネスインテリジェンス（BI）ツールなどがあり、
　限定はあるものの各種データが入手可能となっている

■ システムが分散しているため、定型業務で収集・利用
　するデータ以外のデータは収集できない、または収集
　に労力と時間がかかる

□ データを活用した業務の高度化は検討していない

■ その他

出所：「KPMG Japan CFO Survey 2023」

一定水準のサービスを提供する静的な機能ではなく、企業価値向上に貢献することが期待されるダイナミックな機能としてとらえなければならない。

　また、その機能の高度化に向けた変革・改善を進める意思をもたなければならない。これからの経理財務部門は、財務・非財務両面のデータを組織横断的に活用できる機能とスキル、およびリーダーシップを保持することが重要となる。

⑤ サステナビリティ・トランスフォーメーションへの取り組み

　KPMGでは、サステナビリティ・トランスフォーメーション（SX）を、「ビジネスモデルの持続可能性を高め、中長期的な企業価値向上を実現するために、ESGを切り口としたサステナビリティの視点を経営判断に取り入れて、企業の変革を進めること」と定義している。

　CFOに対する調査では、SXの実現において論点となる事業ポートフォリオの変革にフォーカスして企業の課題認識を具体化している。

　「SX実現のための投資戦略の立案・遂行に関して今後必要となる取り組みとは？」という調査項目については、投資基準にESG、サステナビリ

図表 2-11　SX 実現のための投資戦略の立案・遂行に関して今後必要となる取り組み

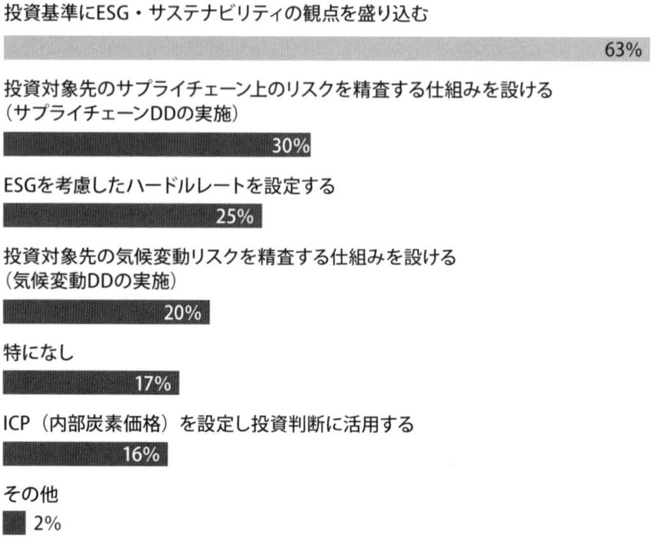

投資基準にESG・サステナビリティの観点を盛り込む
63%

投資対象先のサプライチェーン上のリスクを精査する仕組みを設ける
（サプライチェーンDDの実施）
30%

ESGを考慮したハードルレートを設定する
25%

投資対象先の気候変動リスクを精査する仕組みを設ける
（気候変動DDの実施）
20%

特になし
17%

ICP（内部炭素価格）を設定し投資判断に活用する
16%

その他
2%

出所：「KPMG Japan CFO Survey 2023」

ティの観点を盛り込むという回答が多くを占めた（図表2-11）。中長期の
ポートフォリオ変革において単なる資本効率性の追求ではなく、今後は
SXの観点がより重要になるであろう。

⑥グループガバナンス、海外地域統括会社

「グループガバナンス強化のために経理財務部門が取り組むべき課題とは？」という調査項目について、各種ガバナンスの強化の必要性が認識される結果となった（図表2-12）。

日本企業の海外進出はその多くが事業部門主導で進められてきたため、海外現地法人に対する本社コーポレート部門による統治・管理が弱い傾向にある。本社コーポレート部門の出先機関としての地域統括会社を設置し、各現地法人の間接業務の集約による経営効率化、ルール整備や経営指導を通じた経営改善を行う必要がある。その他、モニタリングによる経営管理の精度向上など、事業部門主導では進みにくい取り組みを推進すべき

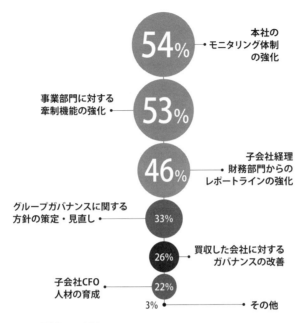

図表2-12　グループガバナンス強化のために経理財務部門が取り組むべき課題

54%　本社の
・モニタリング体制
の強化

事業部門に対する
牽制機能の強化・　53%

46%　子会社経理
・財務部門からの
レポートラインの強化

グループガバナンスに関する
方針の策定・見直し・　33%

買収した会社に対する
26%・ガバナンスの改善

子会社CFO
人材の育成・　22%

3%・　その他

出所：「KPMG Japan CFO Survey 2023」

である。
　一方、昨今の地政学リスクの高まりや、コロナ禍で進んだテクノロジー
の活用などを受けて、海外地域統括会社の設置メリットと運営コストのバ
ランスにも留意しなければならない。今後の海外子会社管理やグループガ
バナンスにおいては、本社コーポレート部門・地域統括会社・現地法人間
の機能・権限配置のリバランスのみならず、本社コーポレート部門からの
リモートによる海外現地法人管理や事業会社の海外移転等も視野に入れた
対応が必要になると考えられる。現地ビジネスにおける意思決定の迅速化
と多様なリスクへの対応、優秀な人材の確保などの要素も考慮した、柔軟
な組織・ガバナンス体制を構築すべきである。
　また、「海外地域統括会社が担っている機能とは？」という調査項目（図
表2-13）について配置すべき具体的な海外地域統括機能の回答があるの
で、海外地域統括会社の機能再配置の検討において参考にしてほしい。

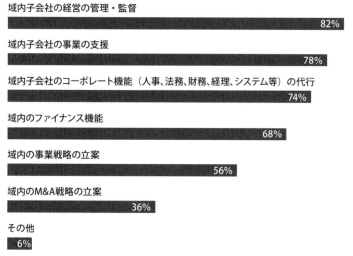

図表 2-13　海外地域統括会社が担っている機能

域内子会社の経営の管理・監督
82%

域内子会社の事業の支援
78%

域内子会社のコーポレート機能（人事、法務、財務、経理、システム等）の代行
74%

域内のファイナンス機能
68%

域内の事業戦略の立案
56%

域内のM&A戦略の立案
36%

その他
6%

出所：「KPMG Japan CFO Survey 2023」

デジタル時代の未来の経理財務部門〈Future of Finance〉

　前項では、日本企業のCFOへ調査した結果から、将来の目指すべき経理財務部門の組織像について具体的な要素を導出した。

　サーベイでは、これからのCFOをCEOのビジネスパートナーたる存在と位置づけ、経理財務におけるFP&A機能の強化の必要性について日本企業の課題認識を確認した。また、足元のDXの推進には課題を抱えつつも、データの整備とその活用による経理財務機能の高度化の必要性が強く認識されていたことを確認できた。

　本項では、先のサーベイでの調査内容や回答結果にも通じるKPMGの「Future of Finance」を紹介する。Future of Financeとは、デジタル時代におけるCFOアジェンダの具現化を支援するためにKPMGがグローバルで提唱しているコンセプトである。デジタル時代の未来の経理財務部門像を6つのピラー（要素）で包括的に解説しており"目指すべき経理財務

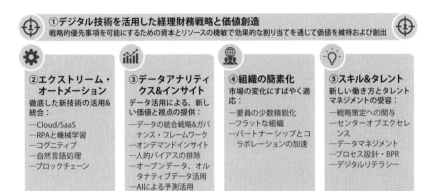

部門"の説明の参考とすることができる（図表2-14）。

①デジタル技術を活用した経理財務戦略と価値創造の推進

　Future of Financeでは、企業価値創造を経理財務部門の最上位命題として位置づけ、デジタル技術を活用して当該命題を実践することを明確にしている。

　企業価値を高めるためには、自社の経営資源を機敏かつ効果的に配分していくことが肝要となる。そのためには、貸借対照表における資産サイドとしての事業ポートフォリオマネジメントと、資本サイドとしての資本のグループ全体での集中管理および財務戦略をテクノロジーも活用しながら実践しなければならない。

　KPMGが支援する企業価値経営を志向する多くの企業では、ROIC（投下資本利益率）を業績評価指標とした事業ポートフォリオマネジメントの導入に取り組んでいる。ROICの最適化につながる各種財務指標・非財務活動指標を体系的に整理し、これら各指標の目標と実績を適時にモニタリングする経営管理システムの導入の検討および運用が進められている。

　このように、各種指標の達成状況についてデジタルテクノロジーを活用

して把握・管理し、必要に応じて適時に行動修正をうながすことで、効果的な企業価値の向上を実現することができる。

　また財務的価値の測定評価に加えて、人的資本等の非財務資本価値を測定・評価する方法を検討する企業も登場している。今後は非財務価値の最適化において測定・評価すべき各種情報・指標を整備し、デジタルテクノロジーで管理して有効に活用することが求められる。

②デジタルテクノロジーを活用した究極的な自動化

　破壊的テクノロジーの進化により、瞬時に幅広い情報について判断することが可能となり、業務自動化の領域が格段に広がった。

　コロナ禍以降、多くの企業で経費精算システムを適用した証憑の電子化、AI-OCR（光学文字認識）とRPA（ロボティック・プロセス・オートメーション）を組み合わせることによる会計伝票の自動起票、ワークフローシステム等による承認手続きの一元化など、デジタル化が進んだ。

　しかしながら、これらのデジタル化は部分的な範囲にとどまっており、経済的取引の認識から、これらを会計帳簿に記録するまでの一連のプロセスの究極的・包括的なデジタル化と自動化の達成は道半ばとなっている。

　今後は、電子インボイス制度の導入や生成AIの業務における活用によって、究極的な自動化が達成される可能性が高い。究極的なテクノロジー活用を経理財務業務において実現するためには、進化する先進テクノロジーの特徴を適時に把握し、プロセスの包括的な自動化・効率化の検討を行うことが重要となる。

　また、先進テクノロジーの導入においては、最初から全社的導入を狙うのではなく、柔軟な拡張を支えるパイロット導入を選択し、結果検証を重ねながら段階的に導入を進めるアプローチを検討しなければならない。

③データアナリティクス＆インサイトによる貢献拡大

　経理財務部門は、経営情報を提供することで経営層の意思決定やビジネスの成長に貢献しなければならない。近年では経営層をサポートする各種

テクノロジーも出そろってきており、経理財務部門の機能改革の推進には絶好の機会となった。

また、最近では経理財務部門にFP&A機能を新設して、データドリブンによる企業経営・企業変革を模索する動きも見られるようになった。

グループ全体の財務情報・非財務情報および社外の経済情報等を収集・一元化して必要な分析を実施し、分析結果から最善の意思決定を支援する有効な示唆を導出することが期待される。

④デジタルテクノロジーを活用した企業統治＆コンプライアンス

企業統治とコンプライアンスおよびそれらを担保するコントロールは企業活動の土台をなすものである。経理財務部門は財務報告の信頼性を高めるため、また外部に公開されるさまざまなデータの確からしさを担保し信頼を得るために積極的な取り組みが求められる。

"データ社会"といわれる昨今、デジタルテクノロジーを活用した企業統治・コンプライアンスおよびそれらを担保するコントロールの高度化・効率化による企業の持続的な成長と信頼の獲得が重要となる。

⑤デジタルテクノロジーを活用する少数精鋭部隊

RPAによる働き方改革やAIの台頭など、少なからず多くの企業でこれらDXの検討や導入が実践されてきた。導入の成否は業務適合性や導入計画などさまざまな要素に起因する。今までの取り組みを総括する意味でも、デジタルテクノロジーをはじめとする経理財務部門を取り巻く環境の変化が組織をどう変革させたのか、また今後、組織のミッションやサービスをどう転換させていくべきかを考察し、定義しなければならない。

今後は業務オペレーションの自動化がさらに進み、経理財務部門人員は減少する。その中で、前述したデータアナリティクス＆インサイトによる貢献として経営者への洞察提供やデータ分析といった付加価値の高い業務へ人員配置を進めなければならない。

⑥デジタル時代の経理財務部門で必要な人材像

　DXの波は、業務の変革のみならず、労働環境や組織のミッション、人材スキルなどにも影響する。デジタルテクノロジーの進化は今後も進むため、それに適した人材の確保と維持管理は急務になる。現時点では情報システム部門のメンバーが経理財務部門や経営企画部門を兼務し、デジタル対応面でのサポートをしているケースが多くなっている。経理財務部門のメンバーそのもののデジタルリテラシーの底上げはまだまだこれからの段階にある。

　デジタル時代の経理財務部門には、これまでに習得している業務知識や実務経験および自社のビジネスに関する深い理解に、デジタルテクノロジーを有効に適用するための知識が求められる。

7

目指すべき
経理財務部門における人材像

　本節では、Future of Financeの実現において必要となる経理財務部門の人材像を図表2-4で示した目指すべきコーポレート部門の人材要件と同じ概念で整理する。

〈経理財務部門の役割〉
ビジネスパートナー

　経理財務部門のメンバーは、企業価値の最適化の観点から経営者の経営判断を強力にサポートする役割期待を担っている。

　経理財務部門としてのファイナンスに関する専門的な知識と経験に加えて、非財務的企業価値に関する知識の習得が必要となる。自社ビジネスと優先的に取り組むべき重要課題に関する深い理解をもとに主体的・積極的に企業戦略の立案や投資意思決定に関与することが期待されている。不確実性の時代に、CEOのビジネスパートナーとして、ビジネスモデルの変革をリードできる人材が求められる。

　また、グローバルに進出する事業部門が直面するM&Aや国際税務課題に対して、経理財務部門がもつ高度な知識を活かして事業・ビジネスを支援することができる人材が求められる。

〈経理財務部門の役割〉
ビジネスプランナー／ビジネスアナリスト

　経理財務部門のメンバーは、中期経営計画や事業戦略の策定とその推進を計数管理の側面から支援することが期待されている。

　たとえば、経理財務部門におけるFP&Aは、事業部門と連携して、さまざまなビジネスリスクを想定したシナリオ別の事業計画策定を支援しなければならない。また、デジタルテクノロジーを活用してビジネスのパフォーマンスの測定と分析を行い、事業部門に対して効果的なアドバイスを提供することが求められる。

　こうした支援機能を発揮するために、経理財務部門メンバーには統計・解析などの分析スキルや、事業部門との連携を維持・強化するコミュニケーションスキルが必要となる。

〈経理財務部門の役割〉
データモデラー／データマネジャー

　経理財務部門メンバーは、企業価値の創出やビジネスの成長に関連する経営指標と、その指標を構成するデータを設計・管理する期待役割を担っている。

　これらの支援機能を発揮するために経理財務部門メンバーには、事業ごとの経営環境やビジネスモデルに対する理解が求められる。また、事業パフォーマンスを管理する業務システムと各システムにおけるデータ構造の理解が不可欠となる。

〈経理財務部門の役割〉
ソリューションアーキテクト

　経理財務部門メンバーは、経理財務業務プロセスを継続的に見直して、

業務品質と業務効率を向上させる期待役割を担っている。

　経理財務部門メンバーは、グループ会社の経理財務業務のデジタル化と標準化をリードし、シェアードサービスセンターへの業務集約化とデジタルテクノロジーによる効率化を実現しなければならない。

　このような支援機能を発揮するために、最適な業務機能設計に関する知識をもち、ERP（企業資源計画）やRPA等の最新のデジタルテクノロジーを効果的に適用して、業務を効率化することのできる人材が求められる。

8

目指すべき人事部門とは

本章第6節では、KPMGが実施したCFOサーベイからのインサイトとFuture of Financeのフレームワークを活用して"目指すべき経理財務部門"の解説を行った。本節では、同様のアプローチで"目指すべき人事部門"について解説を行う。

人事部門の現状と未来への展望／岐路に立つ日本企業の人事部門

KPMGでは、「Future of HR 2020〜岐路に立つ日本の人事部門、変革に向けた一手〜」と題し、人事部門の現状と未来への展望を明らかにすることを目的に世界中の人事部門のリーダー1,362人、うち日本企業のリーダー65人に調査を実施、非常に示唆に富んだ回答を取りまとめている。

海外企業と日本企業の結果を比較し大きな違いが見られた点は次の3つである。

①日本企業の人事部門は価値提供部門と認識されていない

「人事部門は、価値提供部門（バリュードライバー）ではなく、管理部門（アドミニストレーター）」と考えている回答者が、日本では60%とグローバル平均に比べ14ポイント高い（図表2-15）。

②日本企業はタレントマネジメントの自信度が低い

企業の成長に不可欠なタレントマネジメントに関する自信の度合いにつ

**Q. 今の人事部門について、経営に価値を提供する部門ではなく、
決められたことを管理する部門と思うか？**

「強く同意する・同意する」と回答した割合

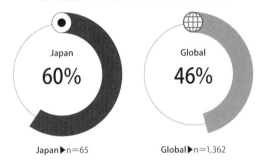

Japan▶n=65　　　　　　　　Global▶n=1,362

出所：KPMG「Future of HR 2020〜岐路に立つ日本の人事部門、変革に向けた一手〜」

図表2-16　グローバル比較──タレントマネジメントに関する自信度

Q. 成長目標の達成に必要な人材マネジメントに関する自信について

「とても自信がある・自信がある」と回答した割合

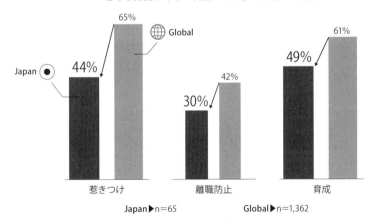

Japan▶n=65　　　　　　　　Global▶n=1,362

出所：KPMG「Future of HR 2020〜岐路に立つ日本の人事部門、変革に向けた一手〜」

いて、日本は優秀な社外人材の「惹きつけ」、社内人材の「リテンション
（離職防止）」、社内人材の「育成」といったすべての項目でグローバル平
均より低い（図表2-16）。

③日本企業の人事部門は価値創出を模索中

　海外企業の人事部門では、事業戦略に沿ったカルチャーの実現や将来必要な人材の定義・準備に注力しているが、日本企業の人事部門は、組織内（自社）で価値を創出するための新しい方法を模索している（図表2-17）。

　このような状況の背景には、経営層および一般社員の人事部門に対するニーズの違いがある。海外企業における従業員に対する認識は、異なる価値観や能力をもつ"個"へとシフトしている。しかし、日本企業の人事部門においては終身雇用をベースにした慣行等により、従業員を均一の価値観・能力をもった"集団"としてとらえる傾向が強く、人材マネジメントや人事制度も均一の集団を前提に運用されている。グローバルで"集団"から"個"へのシフトが加速する中で、従来型の人的管理を続けていくのか、あるいはそのあり方を抜本的に変えていくのか、日本企業の人事部門

図表2-17　グローバル比較　現在の人事部門に関する認識

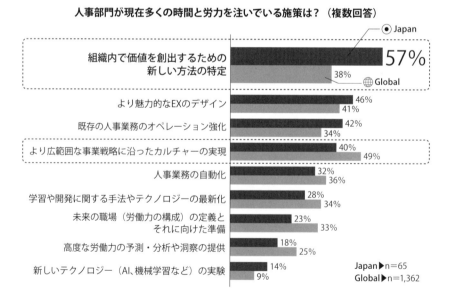

出所：KPMG「Future of HR 2020〜岐路に立つ日本の人事部門、変革に向けた一手〜」

図表2-18　人事部門に向けた要望・期待の変化

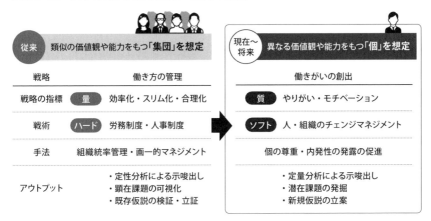

出所：KPMG「Future of HR 2020～岐路に立つ日本の人事部門、変革に向けた一手～」をもとに一部加筆

は今、重要な岐路に立たされている（図表2-18）。

目指すべき人事部門

　KPMGが2022年に日本企業を対象に実施したサーベイ「Future of HR 2022～パスファインダーの事例から見る人事変革へのチャレンジ～」では、優れた人事機能をもつ企業がどのような危機意識をもち、いかなる施策や改革を成し遂げているのかを探っている。調査の結果、いずれの企業も①組織の現状に危機意識をもった人事部門が経営トップと対等に意見交換し、抜本的な改革にチャレンジしている、②改革後の目指す姿と取り組みの意義を常に発信し社員からの共感を得ている、③社員が主体的に改革を推進できるよう議論の場や機会を積極的に設けている、という3つの特徴を兼ね備えていた。

　KPMGでは、これらの優れた人事機能をもつ企業を「パスファインダー」として定義し、目指すべき人事部門の要件を次のように導出している（図表2-19）。

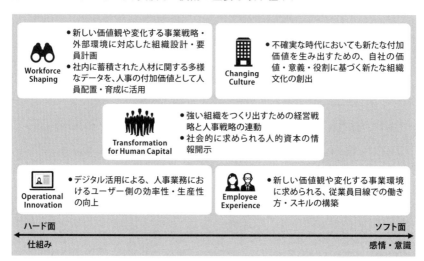

出所：KPMG「Future of HR 2022～パスファインダーの事例から見る人事変革へのチャレンジ～」

①経営戦略と人事戦略の連動

　非連続な環境変化や厳しさを増す競争環境に対応するためには、これまでとは異なる経営戦略の立案と推進が必要となる。人事部門はこのような経営戦略の立案と推進を担う強い組織づくりとその組織に必要となる人材戦略を合わせて検討し、さらに具体的な施策として人事制度を設計しなければならない。人事部門が対応すべき業務の複雑化にともない、必要となる要員スペックが高度化・多様化し、オペレーション中心であったこれまでの人事業務は限界に達しつつある。今後は現場で求められる人的ニーズを把握し、量だけではなく質にも見合った人材をタイムリーに供給できる必要性が高まってくることから、現場に寄り添いながら人的問題を解決できるビジネスパートナーとしての役割が重要となる。

　また人材戦略の検討においては、働き手の就労観の変化や価値観の多様化、コーポレートガバナンス、ESG、SDGsなどの社会環境の変化を意識した各種制度・取り組み施策への反映が不可欠である。

これらの人的資本に関する人事制度・各種取り組みを積極的に対外開示して、持続可能かつ魅力的な企業であることを投資家に説明する必要がある。

② データを活用した要員計画の策定と人員配置・育成

多様化・複雑化するビジネスへの最適な要員確保と人材配置の実現は、企業の競争力向上のための主要経営課題である。グローバル化する日本企業が雇用する人材は増加、かつ多様化している。

確認すべき情報の量が増える一方で、配置検討を行う人事担当のヘッドカウントは従来のままということが多い。限られた時間的制約の中での戦略的な配置検討は人事部員の勘と経験で行われており、出身学部・専攻や希望業務、面接時の印象等といった表面的な情報での配置検討となりミスマッチが増加、モチベーションが上がらない従業員の早期退職などの弊害も生んでいる。

KPMGでは、AIを活用して多様化する人材と業務の最適なマッチングを実現するHR-Techソリューション"Kc-HERO®"を開発し、これまでに多くの企業関係者から関心をいただいている。

Kc-HERO®を導入した企業では、人員の配置検討に活用し、一定の効果が認識されている。多様かつ大量の人事データを蓄積しながらも有効活用できていない企業にとって、デジタルテクノロジーの活用検討は不可欠である。

③ 変化に対応した自社の新しい組織文化の創出

不確実な時代においても新たな付加価値を生み出すために、自社の価値・意義・役割に基づく新たな組織文化の創出にチャレンジしなければならない。

企業変革を牽引するリーダーシップ開発や従業員の意識の醸成、女性活用などのダイバーシティの推進、デジタルを活用したワークスタイル変革等の検討が必要だ。

④デジタルテクノロジーを活用した効率的・効果的な人事業務の推進

　人事業務のデジタル化を進めることで、人事部門内の業務工数の削減を実現しなければならない。人事業務は特に一般従業員からの問い合わせや人事勤怠情報の確認などの汎用的コミュニケーションが多い。

　人事部員はこのようなコミュニケーションに多くの時間と工数を割いているのが現状だ。RPAやチャットボットを活用した人事業務関連の問い合わせ対応の自動化など、デジタルテクノロジーを有効に活用して効率的・効果的な人事部門を目指さなければならない。

⑤従業員目線での新しい働き方やスキルの構築

　従業員属性の多様化にともなう労働に対するニーズや価値観の変化に対応して、常に従業員エクスペリエンスを向上させる人材管理のあり方や働き方・育成等を検討し、実践できなければならない。

　たとえば、ハイパフォーマーの行動・資質を分析することで、他の人材のスキル向上施策に反映させることや、中長期の視点で次世代の幹部人材候補を選抜して計画的に育成・ローテーションするなどの取り組みが考えられる。

　ここからは、KPMGが定義したパスファインダー企業の具体的な取り組みを紹介する。

機械メーカーA社

　自社グループの売上高等の海外比率が50％を超えており、今後の事業成長に向けての多様な人材の活躍が課題となっていた。

　また中期計画では、これまでの事業ポートフォリオの組み換え、経営資源を活用して成長加速させる方針を提示、本計画の達成に向けて「一番大事なのは人」とされた。このような企業方針を受けて、人事部門では、多様な人材からなる人的資本の拡充と、そこから生まれるシナジーを原動力

とする企業の成長促進施策を検討することとなった。

　具体的施策として、適材適所の実現に向けたジョブ型人材マネジメントを採用した。この制度によってあるポジションに相応しい人材を配置する際、限定された部署で候補を探すのではなく、ポジションに必要な職務やスキルを明確にしてグループ内のみならず社外も視野に入れた人材の選定を可能とした。

　また、同社では人的資本経営に関連するさまざまな数値が中期計画の目標として掲げられており、人的資本経営を重視する姿勢が社内外に明確に示されている。

自動車メーカー B 社

　電動化や自動運転という自動車産業の大変革期において、モビリティカンパニーに生まれ変わるべく「変化への迅速な対応」を重視した人事戦略を策定した。

　求める人材像を、変わるための原動力となる「人間力」と「情熱」をもつ人材と再定義した。またキャリア採用者の割合を増やし、さまざまな経歴をもつ多様な人材を確保する方針を採用した。新卒採用においては、学歴・年齢重視を撤廃し、人間力があるか、自社で何かを成し遂げたいという情熱をもっているかを判断基準として重視した採用を行っている。

　また、採用・育成サイクルのスピードアップを目的として、採用と育成機能の権限を本社人事から現場に近い部門人事へ権限委譲する分権型人事への変革も行っている。

　変革に向けて当然ながら課題も生じている。多様な人材が活躍できる職場の人材マネジメントをしていくためにはこれまで以上のマネジメント力が必要となる。現場の管理者の負担が大きくなるが、デジタルテクノロジーを活用した人事データの一元化、ユーザー視点でのわかりやすいデータ可視化に取り組むなど、現場管理者の情報収集・分析にかかる業務工数を減らすための負荷低減を行った。現場管理者がメンバーに寄り添う時間が確保できるような対応を進めている。

またマネジメント力の強化に向けたスキル開発等に取り組んでいる。ひとつの小さな変化から変革を目指して、経営層が発信する「失敗をおそれず、成功するまで変革し続ける」チャレンジを続けている。

消費財メーカー C 社

中期経営計画の立案において社員との対話を実施した。事業環境が厳しくなる中で、目の前のことに必死になり追い込まれている社員が抱く現状に対する閉塞感を把握していた。以前から社員は最大の資産という考えを重要視してきた同社だが、あらためて原則に立ち返り、「社員活力の最大化」を中期経営計画の柱のひとつに掲げ、社員1人ひとりの思いを起点とした新しい人事制度「OKR」を導入した。

目標の設定は、経営層からのカスケードダウンではなく、社員1人ひとりの想いを起点とすることで、社員の発想を制限せず枠にとらわれない多様なチャレンジを促進した。各現場に適合したチャレンジを尊重することを目指し、従来の本社主導の画一的な目標管理から、各部門主導の多様で自律的な制度適用へ方針転換した。

導入・浸透においては、従来まではガイドラインに沿って動いてきた部門人事の責任者からは戸惑いの声も聞かれた。そのため何度も意見交換を行うなどの丁寧なコミュニケーションを重ね、本社人事側のOKRへの想いやトップインタビュー、好事例などのコンテンツ作成と発信等も実施した。

他方でチャレンジ目標が描けない社員が約3割も確認されており、今後はこのようなこれまで運用してきたKPI（Key Performance Indicator：重要業績評価指標）の考え方から脱却できない社員については、対話の質の向上と気づきの機会を提供することによって、意識改革をしていこうという機運が高まっている。

9

目指すべき人事部門における人材像

　前節では、目指すべき人事部門の組織像について検討を行い、いくつかの具体的企業事例も紹介した。本節では目指すべき人事部門における人材像について整理しておきたい。

〈人事部門の役割〉
ビジネスパートナー

　人事部門としての専門的な知識と経験および自社ビジネスに関する深い理解をもとに主体的・積極的に経営戦略の策定や事業部門の人材戦略の立案および人事制度の変革を支援できる人材が求められる。

　日常の経済活動において企業が対応すべき業務の複雑化にともない、必要となる要員スペックが高度化・多様化し、オペレーション中心であったこれまでの人事業務は限界に達しつつある。今後は現場で求められる人的ニーズを把握し、量だけではなく質にも見合った人材をタイムリーに供給できる必要性が高まることになる。このため、現場に寄り添いながら人的問題を解決できるビジネスパートナーとしての役割が重要となる。

〈人事部門の役割〉
ビジネスプランナー／ビジネスアナリスト

　人事部門としての専門的な知識と経験および自社ビジネスに関する深い理解をもとに、主体的・積極的に要員計画の策定や効果的な配置および育

成をリードできる人材が求められる。

これまでの日本企業の人事部門では、特に異動配置などの要員構成については、「勘と経験」に基づいた素案の作成と現場間の利害調整が主な役割であった。これからの不確実性の時代においては、データによる明確な根拠をもとに提言し、意思決定をうながすことが求められる。特に優秀な人材のエンゲージメントを高めるためには、社員の「個」を適切に把握し異動・配置に活かすといった人材マネジメントの高度化は不可欠である。

〈人事部門の役割〉 データモデラー／データマネジャー

従業員ごとのスキルやパフォーマンスを測定する指標を体系化して、当該指標の目標設定と実績測定に必要な各種データを整備・管理できる人材が求められる。

人事部門メンバーは、人的資本経営に関連する人材管理指標とその指標を構成する人事データを設計・管理する期待役割を担っている。

人材データの活用は、人事部門メンバーの勘や経験が主な判断材料となっていた従来の人事業務の高度化を可能にする。たとえば「異動・配置」は、企業側人事部門や上司から見て表出している社員の特性や能力を主な判断材料とする傾向にあり、表出していないものが漏れていた可能性がある。

適性検査やストレス耐性の結果等、企業側からは見えにくい潜在的な特性や能力などを判断材料に加えることが重要となる。配置先とのマッチング精度を高めることが、企業視点での業務生産性の向上、社員視点での"やりがい"向上につながり、結果的に企業と社員の結びつきをより強固なものにすることができる。

人材データ分析・活用への期待が高まる一方で、データ分析強化への投資が進んでいない。人材データ分析・活用の推進を阻む要因として、データ分析の計画・企画段階で、データ分析にかける労力と期待効果に対する

悲観的思考から脱却できていないことが考えられる。データ分析を用いることで得られる効果が具体的にイメージできないことで、データ分析に対する「食わず嫌い」の状況が生まれているのである。

またデータ分析においてそれを分析できるケイパビリティが組織的に不足している実態もある。このようなデータ分析の2つの壁を越えていかなければならない。

〈人事部門の役割〉
ソリューションアーキテクト

業務設計に関する知識をもち、最新のデジタルテクノロジーを効果的に適用して業務を効率化することのできる人材が求められる。

人事部門メンバーは、人事関連業務プロセスと人事制度を継続的に見直して、業務品質と業務効率を向上させる期待役割を担っている。従業員エクスペリエンスの向上において人事部門が担うべき大きな役割は、「社員に寄り添い、期待値を把握・管理すること」と、「現場マネジメントと連携すること」である。

今後は社員と直接対話を行うことで、社員1人ひとりがもっている企業への期待を把握することが重要となる。社員が過大な期待を抱いている場合や企業の方針に沿わない期待をもっている場合には、社員個人とのコミュニケーションを充実させてこれを正しく是正しなければならない。

または適切な期待感を抱いてもらうために、組織の規定やルールを見直し、組織としての方針をあらためて発信することなどが重要な役割となる。

第2章のまとめ

● 本章では、「なぜコーポレート部門からリスキリングを始めるのか」の理由として、コーポレート部門が本来のコーポレート機能を発揮することの重要性やその必要性が生じている環境変化について解説した。加えて、こうした環境変化に対応できるコーポレート部門の目指すべき姿とそこにおける人材像について、経理財務部門と人事部門という2つの主要なコーポレート機能を例に検討を行った。

● 次章以降では、本章で解説した目指すべきコーポレート部門の実現に向けて必要なリスキリングについて具体的な解説を進める。

第 **3** 章

リスキリングの進め方

なぜリスキリングが進まないのか

リスキリングが進まない要因

　第2章では、リスキリングを実施するにあたって目指すべきコーポレート部門の組織像と必要となる人材像について解説した。

　本章では、これまで企業における人材育成、キャリア開発、組織開発を支援してきた視点から、全社員にリスキリングを進めるために、コーポレート部門のみならず全社員を対象に、その進め方について解説する。具体的な進め方に入る前に、本節ではリスキリングが進まない要因について解説する。

①リスキリングの目的が明確になっていない

　リスキリングは会社が生き残るために現在の社員の価値を高める重要な人材戦略であり、これまでとは異なる業務を担ってもらうために新しい知識やスキルを獲得する手段だ。リスキリングの目的について事業環境を踏まえた事業ビジョンや計画とセットで説明することで、社員は納得し、行動につながる。

　しかし、リスキリングを導入している企業の中には、リスキリングの趣旨を伝えておらず、社員が「なんのためにリスキリングするのか？」と疑問を抱いている状況も散見される。中には、役職定年人材の現場復帰にかかる知識習得やシニア人材の社外転出支援など、組織の新陳代謝をうながす施策としてリスキリングをうたっている企業も見られる。

これでは、リスキリングの目的がパフォーマンスが上がらない社員を対象とした施策と社員から思われても仕方がない。

前述したように、もともとリスキリングは、米国で「テクノロジーの進展にともなう技術的失業の対応策」として注目された。転職市場が整備され職務による処遇が主流の欧米では、自分の職務やスキルに応じたキャリアを主体的に考えやすく、労働移動が比較的容易だ。一方、転職市場が十分整備されていない日本では、企業間・産業間の労働移動をうながす状況になっていないため、自分の職務に応じたキャリアを考えにくい。したがって、社内のビジネス環境に対応するポジティブな労働移動をうながす施策ととらえ目的を設定すべきである。

②リスキリングが「知識」の習得で終わっている

eラーニングによるトレーニングシステムを導入し、社員に受講をうながしている企業は多いが、知識の習得にとどまっている状況が散見される。スキルとは、訓練や学習によって獲得した技能や能力をいうが、スキルをナレッジ（知識）と同義でとらえているように感じる。

知識は「仕事で成果を出すための有益な情報」で、eラーニングなど一方的なインプット型の教育形式で習得は可能だ。一方、スキルは、成果をあげたり物事をうまく進めたりできる技や技量で、知識を活用するための考え方や行動の仕方といえる。また、スキルは経験を積まないと得られないため、知識やその体系を習得したとしても、ある程度の経験を積まなければ身につかない。

③学んだ先の仕事を見せていない── スキル取得後の異動配置が不明

学ばせたあとの仕事を提示できていない企業が多い。リスキリング後にそれを実践する環境を準備できていないと、社員は「なんのために学ぶのか」という疑問が解決できず、リスキリングに対するモチベーションは低下してしまう。今後は、リスキリングして新しい仕事を求めている人材と、そのスキルを必要とする仕事をマッチングさせる機能を強化する必要

がある。社員教育と異動配置の仕組みを一体的に運用させ、「学習内容と働く機会がつながっている」と社員に感じてもらうことが学ぶ意欲を高める。

④社員のキャリア意識が乏しい

キャリアとは、個人がこれまで経験してきた仕事・職種・業界・役職などの職歴を含む、長期にわたる職業経歴のことで、年月の経過とともに蓄積されていく体験のつながりである。働くことを通して得た体験が積み重なっていった結果、その人自身の生き方となり、それがキャリアとなる。自律的なキャリアは、働くうえでの自身の将来像を描き、自らの価値観に基づいて意思決定し続けることで形成される。

ある企業では、キャリア意識を高めるために自己研鑽を目的としたオンライン講座を準備したが参加率が芳しくなく、特に若手社員の参加率が低いという。社員が自己研鑽型の研修に参加しない要因には目先の仕事で多忙を極めていることもあるが、もうひとつの要因として「キャリア意識が十分に確立されていない」ことが考えられる。社員が「自分は今後どう成長したいのか」について現在地とセットで認識していなければ行動にはつながらない。後者の要因については、若手社員に限らず、日本企業で働く社員の多くが、自らのキャリアについて主体的に考えていないように見受けられ、この傾向は40歳以上のベテラン・シニア人材で顕著である。ベテラン社員は「自分の能力を今後どう活かすべきか」「どういう仕事の体験を積むべきか」という視点でキャリアを考えることが効果的だ。

これには、高度経済成長期から続いた日本の労働慣行や人事制度に根差す根幹的な要因が大きい。特定の会社に定年まで働き続ける終身雇用、職務範囲を明確に定めないゼネラリスト（総合職）中心の雇用慣行、年功要素を残した昇格運用などにより、社員は長期的な観点から自分の将来のキャリアについて考える必要がなかった。

そのため、自己の成長を目的とした「学び」を主体的に考えることに慣れていない。民間のある調査では「会社から自律的なキャリア形成を求め

られることに、ストレスや息苦しさを感じる」という声すらも散見される。自律的なキャリアなくして、社員の学ぼうというモチベーション（動機づけ）は生まれない。

⑤社員が自発的に学ぶ意欲が低い

社員の学ぶ意欲が低い理由には、「日本企業の社員教育に関するこれまでの慣習」と、「仕事のやりがいを高める環境・動機」の2つの側面がある。

まず、日本企業の社員教育の慣習だ。日本企業では、これまでオン・ザ・ジョブ・トレーニング（OJT）が社員教育の主流だった。OJTは、今、稼働している仕事が実際にあり、やり方は大きく変化しないことが前提にある。この仕事を安定的にこなす実務に長けた先輩社員が育成者として指導し、教えを受ける社員はそれをうまくまねることで業務を円滑に進められれば学習は完了で、社員が自ら新しいことを学ぶ必要はなかった。

次に、「仕事のやりがいを高める環境・動機」だ。多くを学んだからといって、人事面で優遇されたり希望する業務に就いたりできるわけではないので、社員からすると「やっても意味がない」という感情に至る。先に述べたように、リスキリングした社員に対して会社側が新たな業務やポジションを用意できていないことが、学ぶモチベーションを停滞させていると考えられる。

社員が「学ぼう」と感じるのに必要なのは、（A）学んだあとに実践できる環境があること、（B）自分がどう成長できるかの段階や道筋がわかること、（C）成長に見合ったメリット・見返りがあることの3つだ。学んだことを発揮して成果を出す"場"があれば、承認されたい欲求が刺激されやる気の熱量が高まり、仕事の技量や成熟のステップがわかると自分の立ち位置が明確になる。

さらに、その成果（アウトプット）が周囲に認められ報酬アップにつながると、学ぶモチベーションはさらに高まっていくだろう。

スキルは座学では身につかない

社内DX推進のミッションを担うコーポレート部門の事例

　ここまで多くの日本企業でリスキリングが進まない理由について解説したが、ここからはリスキリングする勘所を理解いただき「スキル」に関する認識を深めてもらうために、事例を紹介する。

　この事例は、上場企業のコーポレート部門であるデジタル推進本部長から、「社内のデジタル化を進めるプロジェクトで、営業部門長にデジタル化の理解と協力を取りつけるスキルを社員に身につけさせたいので、マネジメントのトレーニングをやってほしい」という依頼をきっかけに始まった。デジタル推進本部は、社内のDX化の推進を目的に新設された部署で、社内にデジタルリテラシーを定着させることとDXを普及させ、営業現場の仕事の効率化を促進することが主なミッションである。トレーニングに参加する社員は全員マネジャークラスで、直属の上司のみならず、他部門の上役や担当者と関わって仕事をすることが多い。また、新設された部門のためメンバーの大半はさまざまな部署から異動してきた社員だ。そのため、異動前の部署で習得した知識や経験をもとに考え行動する傾向が強く、プロジェクトを円滑に推進できないケースが起きており、共通の思考・行動を習得させるという課題もあった。

　我々は単にプロジェクトマネジメントの知識を詰め込むだけでは、トレーニングの実効性は低いと考え、研修前に個別インタビューを実施し、具体的な課題感を聞き出すことにした。

　話を聞いてわかったことは、（A）プロジェクトマネジメントおよび当該部署で必要となる最低限の知識は全員もっていること、（B）課題・改善点に関しては個人差があり、特に思考や行動に特徴があること、（C）「目先の業務を確実かつ堅実に進めたい」という共通の志向性があることであった。そこで、自分の志向性や行動の特徴を見つめ直し、気づきを得

アンケートで得られたコメント
（抜粋）

「論理を実践に落とすことが課題。複雑な状況になったら習得した論理を応用できないことがわかった」

「相手との対話で『自分の見解をどこまで通すべきか』の基準・線引きを明確にすることが必要だと理解できた」

「解決方法がすぐに浮かばない状況で、プロジェクトをいかに推進させられるかが課題である」

「主張の強い人に気後れし、プロジェクト運営において考えがぶれたり遠回りしてしまう状況をどう解決すべきか」

「目先の問題の解決を優先して考えてしまい視座が低くなる傾向があるので、まず全体像の整理が必要だ」

「結果が見えないなかで、長期的な視点で物事を捉える視野の広さがほしい」

「何もかも明らかになっていない状況で勇気をもって前に進められる力が不足している」

「変化への柔軟な対応力が課題」

「アイデアやソリューションといった無形のものをゴールに向けてどう進めるかの勘所が理解できてよかった」

てもらうために、事例となるケースとお題を与え参加者同士で対話させ、プロジェクトマネジメントの知識や体系といった座学は最後に解説した。

　トレーニングは受講者にとって概ね満足のいくものであったが、事後に実施したアンケートを見るとより興味深い点も見えてきた（図表3-1）。

状況に応じて知識を柔軟に活かせるのがスキル

　このことから得られた示唆は、「DXの推進に必要な知識はもち合わせているものの、常に変化する状況に応じて知識をどう活かすかの勘所がつかめていないのでプロジェクトを前に進められない」ということである。

　論理（筋道の立った知識や、体系化され確立された方法）を学んだあとは、不確実・不明確な状況で仕事をいかに進めることができるかの実践力が問われる。そのときに問題なのは、「知識をもっている自分には非はなく、相手や環境が悪かった」という考え方である。失敗やうまくいかないことは絶好の成長の機会となる。それを他人や環境を理由にして片づけてしまうのは成長の機会を自ら逃すようなものだ。自分の思考行動の特徴、

そして、思考や行動に影響を与える自身の意味づけやマインドセットを客観的に見つめることが必要だ。

　自分自身の課題がわかれば、「成長のために何を改善すべきか」が明確に見えてくる。彼らに必要なのは、知識ではなく仕事経験やプロジェクト経験であり、その経験を振り返り、気づきを与えてくれる仲間との対話だ。そして、仕事で自分がよく理解できない状況でも、勇気をもって前へ進めようとするマインドセットも重要だ。進めていく過程で状況が次第にわかってきて視界が晴れて事態が好転する場合もあるからだ。これからは、部門横断型の全社プロジェクトが増加することが予想される。組織再編やM&Aを通じて他企業との協働も増えていくだろう。不確実性の時代に成果を出せるマネジメントスキルも変わってくるので、それに上手に適応することが必要だ。

「知識はあってもスキルがない」とは

　トレーニング後の数日後に参加者と1対1で振り返り面談を行い、印象に残ったことを聞いてみたところ、以下のようなことが確認できた（図表3-2）。

　この振り返りからわかったことは、相手と議論がかみ合わず膠着状態に置かれたときに、「なんのために・何を・どうするか」について相手と合意しながら進めることができる、プロジェクトを進めるスキルを獲得することが今後の成長課題ということだ。今回トレーニングに参加したメンバーは、プロジェクトマネジメントの「知識」は全員もっているものの、プロジェクトを進められる考え方や行動の仕方といった「スキル」はまだ習得できていないということだ。

　スキルを「仕事を前進させる考え方や行動の仕方」と定義すると、リスキリングは知識のアップデートだけではないことが理解いただけると思う。また、現在保有している知識・ナレッジを別の環境で活かしながら仕事を進めることができるのも立派なリスキリングといえる。知識をアップデートするだけがリスキリングではない。彼ら・彼女たちが必要なのは現

図表 3-2　研修の振り返りで参加者が気づいた課題と考察

確認できた課題

01　≫モヤモヤした不確実な状態の中で、課題設定が難しく優先度がつけられない

02　≫さまざまなレベルの問題が散乱する状況で、何を課題に特定すればよいかわからない

03　≫利害の異なる相手との対話が平行線になり諦めてしまう

考察

☑ 知識を習得する意欲は高いが、「間違ったことを出したくない」というマインドが強いため、発想の転換が必要

☑ 目的に立ち返って考える。自分事として目的を考え、課題の優先順位をつける

☑ 相手との共通点を見出し、win-winで進められる対話のやり方が必要

在のコーポレート部門で行われているDX推進プロジェクト経験から学ぶこと（経験学習）であり、そこで得た考え方や行動の仕方がスキルだ。そして経験の長さが自身の提供価値を高め成熟させ、周囲から認められるということである。

2

リスキリングの成果をあげる
取り組み

「組織」と「社員」への働きかけ

　リスキリングの成果をあげる方法には、組織に向けたアプローチと社員個人に向けたアプローチがある。前者は、制度や機能といった組織に働きかけることであり、後者は人材、つまり社員個人に働きかけて動機づけることである（図表3-3）。

　最初に、「(A) 組織に働きかける」アプローチを解説しよう。ひとつ目は、現行の異動や配置の制度を活用して、社員が主体的にリスキリング後

図表 3-3　リスキリングの成果をあげるアプローチ

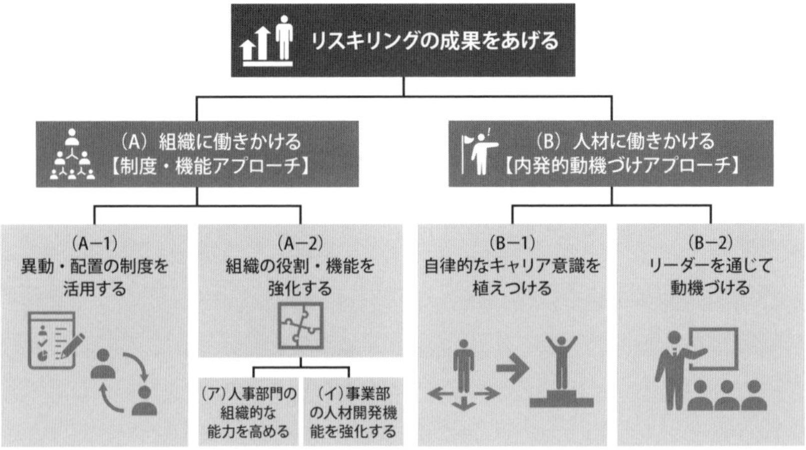

の実務経験が積める環境を獲得できるようにすることである。2つ目は、組織の「役割」や「機能」を強化することである。「役割」の強化とは、リスキリングを全社に展開する人事部門の組織的な能力を高めることである。人材を資産ととらえ、中長期な観点から会社に必要となる人材要件や配置といった構想案を経営層に提言できるような人事組織に強化することである。一方、「機能」の強化は、事業部における人材開発機能を強化することである。

　次に、「(B) 人材に働きかける」アプローチだが、こちらも2つのやり方がある。ひとつ目は、社員に自律的なキャリア意識を植えつけることで、もうひとつは、リーダーを通じて社員にリスキリングへの動機づけを行うことである。

　これらの施策は、今からできるものと中長期的に検討を重ねるものとがあるが、ポイントは、リスキリングの取り組みについて現状満足のいく成果が出ていないからといって、早く成果を出そうと焦らないことである。リスキリングが進まない、または成果が出ていない原因は、社員自身やリーダーに原因があるのか、組織に原因があるのか、状況を多角的にとらえ課題を明確にして対応することが重要である。これから各施策をよりくわしく述べてみたい。

組織への働きかけ①
異動・配置の制度を活用する

　リスキリングを経営課題ととらえ、社員が学び続けられる制度を整備している企業が多くなってきた。ここで論じたいのは、「リスキリングの成果をあげるために、学びの機会を多く提供すれば社員のやる気が高まり、効果が上がるのか?」ということだ。

　結論を先にいうと、学びの機会を提供して社員個人のやる気に任せるよりも、制度やルールといった仕組みで社員を動かすほうが実効性は高い。しかし、そこには注意すべきことも存在する。

社員の意識行動変革をうながす場合に社員の自主性に期待するよりも、仕組み化によって社員の行動を変えてもらうことが有効である。社員が新しく学んだ考えや行動を組織に取り入れようとしても、"その組織に過去から積み上がった思考・行動の癖"があると、新しい考えや行動を取り入れることができない。たとえば、デジタルテクノロジーを駆使して生産性を高められる場合でも、仕事がすべてアナログで進められている場合、従事している人材の行動を変えることは難しい。

　そこで、動作の基本となる仕組みをつくっておくのだ。初期段階では慣れないこともあり抵抗感が見られるかもしれないが、その仕組みが日常に組み込まれて繰り返し使われると行動が定着していく。

FA制度・公募制度の活用と、学んだあとの実践環境の提供

　異動配置の仕組みを活用して、リスキリングしたあとの実践環境を提供しやすくすることは有効である。現在、多くの企業で社員のキャリアを支援する制度がある。

　たとえば、社員が自ら他部署に対して売り込みをかけて異動を勝ち取る「社内FA制度」や、人材を補充したい部署が社内からの異動希望者を募り、従業員が応募できる「社内公募制度」だ。学習によってスキルをアップデートしたあとに、これらの制度を活用して新たな就業機会を見つけるのである。

　もし、社員がこの制度を使って別の部署に異動できることになった場合は、現在社員が所属している部門は、引き留められないことが原則だ。人材が抜かれる部署は、仕事内容で社員を成長させられていないか、評価または報酬で納得させられていないか、人間関係が良好でないかである。このような公正な異動の仕組みを運用して、社内の労働移動を活性化させることが有効である。

　しかし、大量の社員が一気に異動することで現状の業務に支障をきたす部署もあり得るので、その対策として必要な定員数を部門ごとに算定しておき、その定員数を割るような人材の流出が発生しそうな場合は、定員数

に不足する数だけの人員補填をサポートすればよい。ポイントは現場の圧力に屈する形でやみくもに人員補填をしないことである。

異動配置に関するネガティブイメージの払しょくも重要

さらに、社内の就業機会を広げ社内人材を流動化させるには、異動配置に関するネガティブな感情をなくすことも必要である。日本人はまだ異動や配置に関するためらいや否定的な見方が根強く残っている。

これは、異動してしまうと今の人間関係を損ねるのではないかという異動する側の不安と、優秀な人材は上司が手放さないから異動しないのが当たり前、という組織内のアンコンシャスバイアス（無意識の偏見や思い込み）だ。

このような意識を払しょくする対策として、実際に異動や転進を図りうまくいっている身近な事例を社内で共有することが有効だ。成功のロールモデルを見せることによって、異動配置に関するネガティブなイメージを変え、心理的抵抗を下げることが有効である。

柔軟な異動配置を可能にする仕組みづくり

KPMGでは、今後ビジネス環境の複雑化にともなって企業における部門間の業務の垣根が低くなると予測している。

従来の「機能単位での業務」から、特定の目的を達成するために各部門から最適な人材を集めチームを組成する「プロジェクト型業務」が今後拡大し、業務に必要な人材を安定的に確保することが困難になるということだ。一方で、社員が会社に期待するニーズも多様化しており、個人の状況に適した人材マネジメントが求められるようになる。

たとえば、介護の担い手問題は今後より一層深刻化することが予想され、働き手の確保のためにもさらに多様な働き方が求められることは間違いない。また、今日のリモートワークが常態化した環境で、出社して働くことを望む社員と、出社の必要性を感じず在宅を選ぶ社員もいて、希望する働き方がそれぞれ異なる人材に対するマネジメントをどうすべきかの

ニーズも増えている。これがさらに発展すると、リスキリングした人材がこれから望む仕事の条件について提示するといったことが起きるようになるだろう。このように、社員の多様な価値観が広がると、求められるマネジメントスタイルも変わってくる。

そこで、人事部門がやるべきことは柔軟な異動配置を可能にする仕組みづくりである（図表3-4）。社内人材が保有するスキルを分析することで「継続的に必要な要員」「将来必要になる要員」「特に重要となる要員」を割り出し、「この人材はこういった仕事で力を発揮できる可能性がある」といった人材の適正な配置案を経営層に提案することだ。このように提案、実行、結果の検証を繰り返し、人員配置の能力を高めていく。さらに、社員と社員との関係も見極めながら、組織やチーム力を強化することを通じて、人材や組織の側面からビジネスを支援することが可能となる。

社内公募制度を通じた社員の柔軟な異動配置には、仕事の依頼側（人材を募集する部門）と応募側（応募する社員）とのマッチングを円滑に行える社内手続きの効率化も必要だ。「社内公募制度」を導入している企業では、公募情報の掲載や応募者の管理、面談日の調整といったやりとりを人事部門の社員がその都度手作業で実施しているところが散見される。また、異動と公募の仕組みが別管理になっている企業も多い。

人事部門の労力を軽減させるにはシステム化によってこれらの手続きを

図表3-4　リスキリング人材を活かす環境づくり

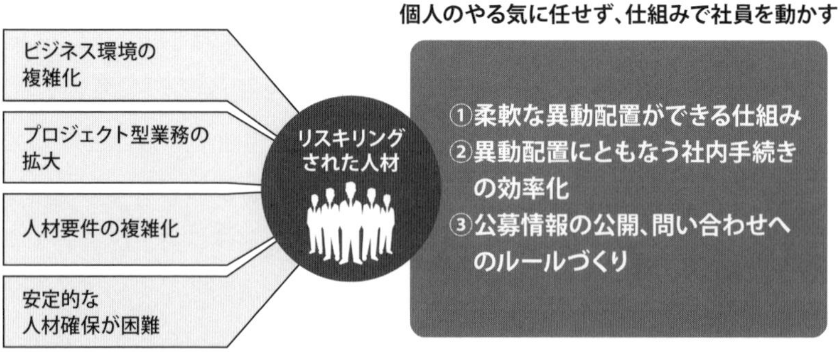

個人のやる気に任せず、仕組みで社員を動かす

- ビジネス環境の複雑化
- プロジェクト型業務の拡大
- 人材要件の複雑化
- 安定的な人材確保が困難

→ リスキリングされた人材

① 柔軟な異動配置ができる仕組み
② 異動配置にともなう社内手続きの効率化
③ 公募情報の公開、問い合わせへのルールづくり

効率化する必要がある。今、社内でどのような仕事またはプロジェクトで人員を募集していて、求められるスキルはどのようなものかといった公募情報の公開、応募にあたって明示する具体的な仕事内容や面談の流れ、採用・不採用の通知、申込情報の開示・非開示、採用後の流れといったガイドラインづくりも重要だ。また、異動で人員が減少する部署への人員補填のガイドラインも検討しておく必要がある。

組織への働きかけ②
人事部門の組織的な能力を高める

人事領域の課題を経営層と議論し解決する人事部門へ

リスキリングの成果をあげるための組織への働きかけの2つ目は、組織の役割や機能を強化することである。

現在の人事部門は戦略的にリスキリングを推進することは難しく、リスキリングを戦略的に推進できる人事部門の能力を強化する必要がある。その理由は、これまでの人事部門は経営会議に参加して経営的な観点から人事の議題を提示し議論するということはやっておらず、経営会議で決まったことを進めるオペレーションが中心の役割を担ってきたからだ。

リスキリングは人材を企業戦略に適応させる「組織的な教育」であるため、その目的や進め方、そして経営層にどこまでコミットしてもらうかといったことまで人事部門が検討し、経営層へ起案するべきである。

ここからは、人材という資本を有効に活かすために人事部門が取り組むべき事項を解説する。

【人事部門の取り組み1】 多様な労働力を想定した雇用形態の整備

第2章で述べたように、日本企業の人事部門は従業員を均一の価値観・能力をもった人材ととらえ、それを前提に人材マネジメントを考え人事制度を運用してきた。つまり、「変化」や「イノベーション」といった領域

に対応できる人材を採用・育成してこなかったため、既存人材のみの活用で変化をともなう取り組みを実行することはかなりハードルが高いといわざるを得ない。

このような中で、フリーランスやインターネットを通じて単発の仕事を請け負うギグワーカーといった労働者が出現したほか、テクノロジーの進化によりAIやロボットなどの代替労働力の導入も進んでいる。これまでの前提が通用しないイノベーション創出やビジネスモデルの革新に向けては、既存の要員とオペレーションを前提とした固定化された労働力では対応に限界がある。

そこで、将来のビジネスシナリオをもとに、幅広い雇用形態や労働力を想定した柔軟な労働力ポートフォリオを策定し、その実現に向け労働力確保の計画を立てることが求められる。

図表3-5の左の図を見ると、これまでは高いスキルは求められない定型業務の一部を除き、大部分を正社員が担ってきた。この状態ではなんのスキルをどのくらい高めればよいのかが曖昧になってしまう。しかし、右側に示す今後の労働力を見ると、AIや特定の高度な契約社員など労働力が

図表3-5 労働力ポートフォリオの現状と今後（イメージ）

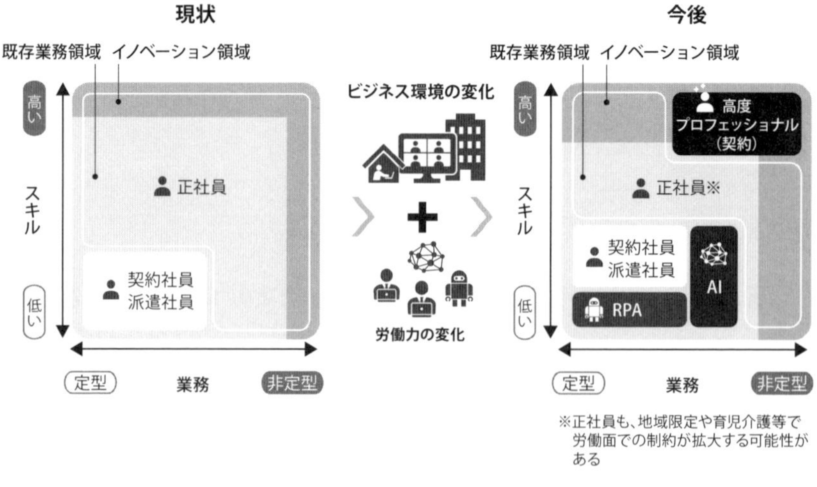

※正社員も、地域限定や育児介護等で労働面での制約が拡大する可能性がある

細分化されていることがわかる。この中で、高いスキルが求められる非定型業務に正社員が配置されると考えれば、そこの領域のスキルセットを特定することで、会社に見合う必要なスキルは絞り込まれるだろう。

【人事部門の取り組み2】 人材のアセット化の推進
—— ポートフォリオによる人材の需給ギャップの可視化

　人材ポートフォリオは、将来のビジネス方針や事業戦略に沿って社員を適切に配置するために人材構成や運用を分析する手段として用いられる。これまでの日本企業は、正社員主体の雇用形態のもとで必要とされる人材のタイプが単純かつ少なかったため、図表3-6に示すような複眼的なポートフォリオを作成する必要がなかった。

　しかし、これからは将来のビジネス展開に基づき事業領域ごとに求められる人材を細分化し、「どういったタイプの人材がどのような役割を果たすことが期待されているか」について要員計画を策定することが必要となる。

　第2章で、経理財務部門や人事部門が目指すべき人材像を解説したが、そうした人材をこのようなポートフォリオに当てはめてみると、どのような人材がどのくらい必要になるかのイメージがつきやすくなる（図表3-6）。

　また、求める人材タイプごとに想定される要員の数のみならず、雇用形

図表3-6　人材ポートフォリオの活用例

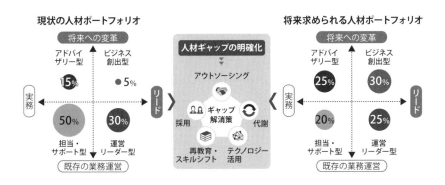

態、評価や処遇、採用や育成に関する方針を提言することが期待される。さらに、リスク管理の観点から、現有人員数と今後の事業計画とを照らし合わせ、優先的に要員を確保すべき事業領域を定めておく。そして、現有人材をリスキリングさせ、採用についても重点的に資本投下し、必要な人材が足りなくなってから慌てるような事態にならないよう、将来の人材確保計画を準備することも必要となる。

このように、人事部門は将来の組織をデザインするために、人材をアセットとしてとらえ、M&Aや新規事業開発、そしてパートナー企業との合弁事業などについて、財務的観点の問題も含めて会社や組織の将来に関与していく必要がある。

取り組みを実践できる人事部門のケイパビリティの強化

多様な労働力を想定した雇用形態の整備や、人材のアセット化を進め人材の需給ギャップを可視化するには、人事部門が各事業部門と今まで以上に密な連携をとり、変化に対応できる組織としての力を強化する必要がある。

また、第2章で目指すべき人事部門として「企業戦略の立案・推進を担う」「企業変革のリーダーシップを担う」「デジタルテクノロジーを活用して業務の劇的な効率化を実現する」「客観的データと高度専門知識に基づく高付加価値サービスの提供」「従業員エクスペリエンスを向上させるコーポレートサービスの提供」という5つの役割を解説したが、その役割を実行するには今のままでは難しい。というのは、今の人事の組織は、安定成長を前提とした旧態依然の体制であり、変化の激しい時代に機動的に動ける体制になっていないからだ。そこで、人事部門の組織力や遂行能力といった組織のケイパビリティを強化するために「何を・どう変えるか」のヒントを提示したい。

組織として変化に対応できる能力を強化するには、組織のトップを変えるなど個人の能力だけで対応するのは不十分で、組織を運営するために必要な要素（ビジョン、ミッション、人材、データなど）に基づき機能と運

用を変える必要がある。

人事部門のケイパビリティ強化に向けた検討の視点

　ここでは、人事部門のケイパビリティを強化するために検討すべき視点を考えてみよう。これらの視点を可能な限り具体的に検討しておくことで、組織を「ハコ」としてとらえるのではなく、人事業務を円滑に遂行する体制としてとらえることができるようになる。

　たとえば、「現在の人事部門が組織としてもつ体制は、将来の事業モデルと整合した体制になっているか」「現在の人事部門の要員が保有するスキルや能力と将来のそれらとの乖離がどれくらいあるのか測定できているか」「これからの人事業務を遂行するためにリソースをどう配置すべきか」「経営判断に資するテクノロジーやデータを十分に活用できているか」といった観点で検討し、あるべき人事としてのケイパビリティを再定義するのである。

・**人事のミッション・ビジョン**

　人事部門としてのありたい姿やミッション、提供すべき価値、到達目標は何か？

・**要員数と期待するスキル**

　将来の事業モデルを遂行するための人事部門の要員数はどのくらい必要か？

　これからの要員に求められるスキル・コンピテンシーは？　現状の要員との乖離はどの程度か？

・**提供価値**

　人事部門の価値を高めるために、事業部へどのような情報を提供することが求められるか？

・**事業部から収集すべき情報**

　経営層や事業部に貢献するためにはどういった人材データの分析が必要か？

経営層や事業部に正しいアクションをうながすためには、事業部からどういった情報・データをもらう必要があるか？

　人事業務の高度化・効率化や人材の見える化のために適したアプリケーションは何か？

・リスク対応

　今後の運用でどんなリスクが想定されるか？

　それを回避するためには、人事部門がどういった権限を保持する必要があるか？

　なお、多くの人事部門では、人事ビジョンやミッションについてKPIを含めて明記されていないことが多い。明記したとしても実効性が乏しく机上論になってしまう。最初にビジョンやミッションを明確にしないまま、足元の人事業務の変革を優先的に進めたために、その後の過程で改革の目的が忘れ去られ、気づかないうちに手段が目的化するような事態になりかねない。したがって、初期段階に人事部門内で「これからの人事はどんな存在になりたいか」といった将来の人事部門のあるべき姿について忌憚のない議論を行い、経営層とも連携し将来の絵姿について共有しておくことが重要となる。したがって検討には一定の期間を確保しておくことが必要だ。

　参考として、新しい人事部門としてのケイパビリティを再構築するステップを以下に記載した。

Step1　現状分析

　現状の人事部門のビジョン、ミッション、役割、組織としてもっている能力や強みという観点から現在の状態を洗い出す。

Step2　あるべき姿の設定

　人事部門の目指すべき体制の姿を明確化する。

Step3　人事機能の再配置

　人事部門内の機能を検討し、必要な人員の配置案を決定する。ここでは人事権を分散するか、あるいは中央集権的にするかといった構想から具体的な組織設計に落とし込む。たとえば、後述するHRBP（ヒューマンリソースビジネスパートナー）を設置する対象部門や、HRBP要員1人が担う社員数を設定しながら、組織構造を明確にする。

Step4　人選

　必要な能力・経験を有する人材を選定する。優秀な人材を優先的に人事部門へ配置させることができる企業は少ないと想定されるので、事業部内の人材の兼任も視野に入れ、広く人選を行う。

Step5　業務プロセスの設計

　人事のイベントやスケジュールを再整理し、各業務のフローを設計する。特にHRBPは事業部の戦略的支援業務の提供が中心になるため、事務的作業といった日常の定型業務はなるべく除外することが望ましい。明確なフローを設計し業務を定型化しておくことで行動変容を強制的に図る。

Step6　人事要員の意識・スキルの再構築

　人事の専門領域に加え、新たに必要になる機能のインプット研修や、今後より連携を強めるべき事業部門について人事領域の課題解決型の研修を行う。特に、事業部門のサポート業務を遂行するうえでは、能動的に情報を収集する姿勢や、「事業部門への価値提供は何か」について深く考える必要がある。また、他部門とのコミュニケーションも重要だ。ワークショップなどでの事例共有を通じて継続的な学びにつなげることも有効である。

Step7　実践

　Step6におけるインプットを得ながら、月次で目標設定、実行、振り返り、見直しを確実に回す。特に新体制の初期には、要員の行動が定まらない状況が往々にして発生するため、その失敗と成功事例を全体で共有し、課題解決を全体で図ることが重要だ。また、会議体は事務局の熱意や技量

次第で簡単に形骸化するため、現状の人事部門に対して強い問題意識と改革意識をもつ人材を事務局に配置することが、プロジェクトを進めるうえでは非常に重要である。人事部門は、昔ながらのやり方を長らく許容されてきただけに、改革にも相応の時間を要する。着実に手順を踏みながら、段階的に人事部門を変革、成長させていくことが肝要だ。

組織への働きかけ③ 事業部の人材開発機能を強化する

これからの人事部門に求められるのは 「事業部への有益なアドバイス」

　組織に働きかけるアプローチの最後は、事業部門の人材開発機能を強化することだ。ここではリスキリングを推進するための人材開発機能の強化という観点から、HRBPと事業部に配置する要員の育成について解説する。

　これまでの人事部門は、法令に基づく対応をはじめ、給与、労務、異動配置といった安定したオペレーションを実行することにフォーカスしていたため、丁寧かつ確実に業務ができる人が優秀とされていた。しかし、これからは将来を見据えた人材を構想できる人事部門へと軸足を移すことが必要で、自ら問いを立て、経営層に提案できる人材を育てる必要がある。これは人事部門のみならず、経理財務をはじめ、総務部門などのコーポレート部門でも同じことがいえる。

　誤解してほしくないのは、オペレーションもこれまでと同様に重要な機能であり、それに加えてこれまで注力してこなかった人事部門のアドバイザリー能力を強化すべきということである。人事部門にとってのクライアントである経営層や事業部門の悩みを聞きながら、人事部門もビジネスにくわしい知見をもって的確なアドバイスを提供できる機能を有することである。

一方で、経営のパートナーでありながら、社員想いであることも大切だ。常に「社員のためになる」ことを志向する人材も必要で、「この人に相談すれば安心だ」と社員に信頼される人材も不可欠である。人事部門の中でも、採用や育成といった人材開発を担当する人材と、人事労務を担当している人材とでは社員のとらえ方は異なるため、バランスをもった人材を育てるには適性を考慮したローテーションも必要である。このように、画一的な人材だけではこれからの人事部門を回すことは不可能なため、所属する人員の多様性が求められる。

事業部門の人事課題を解決する機能の強化

　リスキリングを推進する環境づくりで重要なのは、「これからビジネスで必要になるスキルは何で、そのスキルを事業部単位の人材にアップデートさせられるか」である。そのためには、部門人材の育成、配置、処遇に関して事業部長と意見交換できる信頼を確保する必要がある。そのためには、事業部門の人事戦略・方針の策定および実行のサポートを担う社内の人事プロフェッショナルであるHRBPが必要である。そこで、ここからはリスキリングを促進する観点から、事業部人事の現状とHRBPを機能させるポイントについて解説する。

事業部の人事課題に伴走するHRBP

　図表3-7は、人事領域の実行主体を図解したものである。取り組みに関する全体的な絵を描くCoE（センター・オブ・エクセレンス）、事業別の課題やより現場に近い実行サポートを提供するHRBP、事務的・定型的な業務を行うOPE（オペレーション）がある。

　これは、第2章で解説したこれからの人事部門の価値創造に向けた取り組みをどこが担うのかということと関係している。たとえば、経営戦略と人事戦略の連動に関する全体的な絵を描くことや、エンゲージメント調査の全体傾向を踏まえた対応はCoEが担う。一方、事業部門ごとの要員計画や配置・人材開発など、より事業現場に近い働き方やスキルの構築と

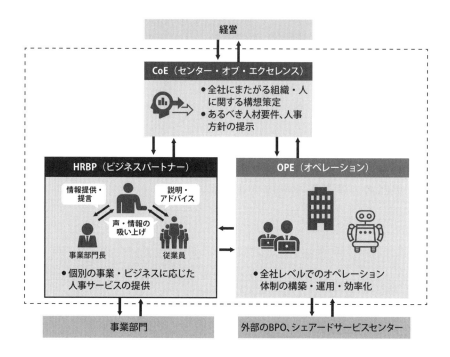

いった対応はHRBPが担うことになる。

　HRBPは、事業部門における人事課題の特定や実行サポートを担う。前述した人材ポートフォリオを活用するには、今まで以上に人事部門が各事業部門と密な連携をとる必要がある。ビジネス環境の変化が激しい現代において、戦略を迅速に実行するには、与えられたルールや規則に基づき、人や組織を管理するオペレーション主体の"守り"の人事から、経営者や事業部門の責任者のよきパートナーとして、人と組織の観点から事業に貢献する"攻め"の人事に軸足を移す必要がある。

　また、HRBPは事業部門の人事戦略・方針の策定といったハイレベルな人事企画を考えるだけでなく、人材の確保、育成、異動や配置といった活動も行う。

　図表3-8を見ると、HRBPの機能には「戦略的機能」「支援的機能」が

❶人材戦略（量・質）の決定

OPEが担うべき業務

	戦略的機能　Strategic	支援的機能　Consultative	事務的機能　Operative
📅 要員計画	業績シナリオ別の人員・人件費の予測の提案	人員増減に向けた具体的施策の提案・実行	要員計画の取りまとめと人員数の管理
📇 採用	ビジネスニーズを踏まえた求める人材像の提案	中長期的視点による選考応募者惹きつけ	候補者レジュメのスクリーニング
👤 異動・配置	事業部門内の戦略的ローテーション提案	企業側、本人側のキャリアニーズの把握、提言	異動者情報のOPE共有
⏱ 労務管理	CoE中心に仕組みを構築	長時間労働者のヒアリング・改善提案	OPEが管理に対応
📈 育成	CoE中心に仕組みを構築	本人ニーズを踏まえた業務アサインや教育の提案	部門研修における事務局業務
☆ 評価・報酬	CoE中心に仕組みを構築	評価結果・処遇案のチェックと修正提言	評価結果・処遇案の取りまとめ

❷人材の惹きつけ・離職防止（EXの設計）

【CoE】経営的な視点から人事機能を統制する機能
【OPE】定型業務を担うオペレーション機能
【EX】従業員エクスペリエンス

ある。このうち、リスキリングに関連するのは「支援的機能」の育成、要員計画、異動・配置が該当する。人事部門に対するニーズが集団から個人にシフトしている今こそ、HRBPの機能を強化する絶好の機会である。

HRBPの現状

　今日、日本企業でもHRBPを組成し運用を始めているが、期待通りの価値提供ができていない会社は多い。HRBPの主たる業務が事務的な定型業務にとどまっており、事業部のビジネス推進に資する要員づくりといった本来あるべき使命を遂行できているとは言い難い。このような状況になっているのは、事業部長と対等に意見交換できる要員がいないからである。HRBPが事務的な業務にとどまっている限り、事業部の業務内容や人的課題を把握することはできず、事業部の責任者から人材戦略や実行に関する提案や提言を求められることはない。

ある企業では、HRBPは各事業部に対して、採用、異動、労務、人材開発といった領域で事業部長の企画立案や施策実行といった人事マネジメント業務をサポートしている。支援内容は事業部によってさまざまで、人的課題テーマの設定から解決施策の検討まで多岐におよぶ。人材ポートフォリオに基づく要員計画と人材調達、退職者の補充、所属メンバー1人ひとりの育成プランの立案を行うこともある。

　このようにHRBPの提供業務範囲は、事業部特有の課題や事業部長の考え方によって異なるため、求める人材要件が多様化しており、必要人員が枯渇し機能が提供できていない状況だ。

HRBPを機能させるポイントと実行ステップ

　このような状況を打破し、事業成長をサポートするためにHRBPを機能させる3つのポイントを解説する。

　まず、「事業部門が人事の観点で具体的にどんなことに困っているのか」を把握し、それを解決するためのサポート可能な体制と要員を確保することだ。

　次に、HRBPを担う要員への権限委譲だ。日本企業の事業部門に置かれている人事は、労務管理や福利厚生といった会社が決めたことを実行するだけのことが多く、事業部門のビジネス貢献に責任を負っていないことが多い。これだとHRBPを置いても要員の姿勢が受け身で、仕事のやりがいも感じてもらえない。HRBP要員に主体性をもって動いてもらうには、権限と裁量を与えることである。たとえば、現場社員の育成に関する企画および実行の裁量をHRBP要員に与える代わりに責任も負ってもらうことで、主体的にビジネス支援を推進する当事者としての意識を高めるのである。事業部門に所属する社員のキャリア相談にのることも担ってもらうとよい。キャリア相談は、直接上司にいいづらいこともあるので間接的な立場であるHRBP要員がその役割を担うことでコミュニケーションの風通しをよくすることができる。さらに、事業部門のKPIとして社員のエンゲージメントや成長にかかるスキルアップの指標を設定し、事業部

門責任者とHRBP要員双方の利害を共有し、お互いが相談を持ち掛け合うなど協力し合う状況をつくることも重要である。

　最後は、「HRBP要員の所属をどこにするか」である。所属を人事部門にするか事業部にするかは状況にもよる。たとえば、組織の成熟度で見た場合、まだHRBPを設置して間もない時期やHRBP要員の人事スキルの成熟度が高くない場合は人事部門に所属させるほうがよい。理由は、いくつかの企業におけるHRBPの運用実態を見る限り、日々現場で起きるさまざまな問題やトラブル解消に向けた対応といった非定型的業務に追われているからだ。そのような状況で事業部に所属させると、雑務など事業部内の目先作業に使われてしまい、本来やるべき事業部の人材戦略策定や事業部内の社員の育成やタレントマネジメント、組織活性化といった本来あるべきミッションや役割を遂行できなくなる可能性が高い。人事部門に所属させれば、自分自身で解決が困難な問題が投げかけられた場合、同じ人事部内の人脈を使って問題を共有し話し合い、解決に向けた解決策が効率的に提供できる。逆に、事業部門の人員を人事がわかるHRBP要員に育成するため、一定期間人事部に異動させ、知識のみならず、HRBPとしてのあるべき考え方や行動の仕方を学んでもらうことも有効だ。

HRBP運用の留意点

　HRBPの構想が固まり要員配置の目処が立ったらいよいよ運用となる。ここでは運用に関する7つの留意点を紹介する（図表3-9）。

①HRBPのミッションと求められるスキルの明確化

　HRBPが果たすべき役割や任務を明確化する。前述した、事業部門の人材戦略策定、異動配置といった人材開発やタレントマネジメント、組織活性化などがあげられる。ミッションを策定することでHRBPが事業部門の意向で振り回されることなく適切な要員配置と運用実態がチェックできる。

②事業部門（事業部門内に HRBP を置く場合は人事部門）との人材交流

　事業部門の人材との意思疎通を図りやすくするために、人事部門の人材を事業部門へ派遣し、事業部の課題に柔軟かつ的確に対応するために必要な知識や能力を確保させる。事業の内容や進め方、求められる人材とその行動についても理解する。

③事業部門の人事オペレーション業務の集約

　現在の HRBP は業務量が多く対応範囲も広いため、定型的なオペレーション業務は集約し、可能な限りアウトソーシングするかシステム化することが望ましい。これにより HRBP 要員が現場の課題解決のみに注力できるようになる。

④人事データの分析スキルの向上

　事業部門の人材について労務以外の人事データ（保有する経験、知識、スキル、思考特性、エンゲージメント等）の情報整備と定性データを分析できる知識とスキルが必要である。

⑤人事評価時の人事側と事業部門側のクロス評価

　HRBP 要員が、どちらか一方の期待行動に偏向しないよう、人事的立場としての期待と、事業部門としての期待とのバランスを図る。事業部門

には所属する人材の成長に係る「人事KPI」を設定する。

⑥事業部門の課題解決に向けた研修の実施

　事業部門の課題にはどういったものがあるのかを把握することで、自分のスキルをどう活用すればよいのかのイメージをつかんでもらう。目先の問題にとらわれないように、課題はレベル分けや体系化して整理しておく。

⑦事業部門の職務記述書（ジョブ・ディスクリプション）の作成

　HRBP要員が現場の具体的な職務内容を理解でき、要員が異動するたびに事業部の業務を把握する時間を短縮するために、業務と求められるスキルを明確に記載した職務記述書を作成する。

HRBP要員の育成

　ここまでHRBPの構想と運用のポイントを解説してきた。ここからは要員の育成である。HRBPは人事の専門的な知見を活用して事業部門のライン職に助言する参謀機能である。HRBP要員は、事業部門の業務に精通していて、これからどういった知見が必要になるのかがわかり、事業部長と人材育成領域で対等に話ができる人材が望ましい。HRBPの要員計画において議論になるのは「人事業務経験があり人事の知識に長けた人材と、現場業務に成熟している人材のどちらを育成するのが近道だろうか？」ということだ。この回答は、置かれている組織または人材の成熟度によって成果が異なるので一概にどちらがよいとはいえないので、両者の特徴と留意点を解説することにする。

　まず、人事部門の経験がある人材を現場で育成するケースを考えてみよう。人事業務すべてを経験していることがベストだが、少なくとも人材育成・配置・評価領域の企画業務を経験した人材が望ましい。一般的に、総務・人事・経理・経営企画のようなコーポレート部門は、営業・製造・購買のようなライン組織に対して、専門知識をベースに助言提供や支援を行うが、残念ながら現場からはマイナスの印象をもたれていることが多く、正論をいってもなかなか信用してもらえないことが多い。したがって、事

業部門の業務経験がない人材は、事業責任者と信頼関係を築くためにどうするかを考える必要がある。そのためには、人事の知識はもちろんだが、事業責任者とかみ合った議論ができるようにするために事業内容と運営に求められるスキルが何かを大括りでよいので可能な限り早くキャッチアップすること、事業部長との面談を可能な限りこまめに行い、組織運営における課題感や意向を知る努力を重ね、意思決定に役立ちそうな情報や関心のありそうな他社および社内の情報を収集し、小さな貢献を積み重ねて信用を構築することが求められる。

次に、事業部門の業務経験者をHRBP要員に育成する場合は、人事部門に異動させ人材育成・配置・評価領域の企画業務を2～3年程度経験してもらい、人事戦略、タレントマネジメント、組織活性化のポイントをつかんでもらい、元の事業部門に戻ってもらうのがよい。勘所をつかむのに長けた人材は、事業部門のこれからの求める人材やスキル、育成に関してあるべき姿のイメージを描きながら成長できるだろう。

留意点は、事業部門の責任者が上意下達の意思決定を行う志向性が高い場合や、日常業務の雑用といった定型業務を優先しがちな場合、HRBP要員が便利屋になってしまい、中長期的な人事施策の展開が不能になってしまう懸念があることである。事業部長と対等に意見交換ができるようになるには、育成、配置および評価の領域で事業部長が一目置くくらいの知見をもち、前述した面談をこまめに行うなどして信頼を獲得することが必要だ。

業務に精通し人材育成に関心の高い人材であれば、担い手としてのポテンシャルは高い。こうした人材を選出し、多少時間をかけながら現場の人材育成に精通する専門家を育成していくことがポイントである。

HRBP要員に求められるスキルとマインド

最後に、HRBP要員に求められるスキルとマインドのあり方について解説する。

まず、事業部門における業務内容の変化をつかむことだ。そして、その

変化が事業部門に所属する人材の知識やスキルにどう影響するのかを
キャッチアップできることだ。

　昨今、生成AIやデータアナリティクスの発達により、定性データから
の示唆出しが可能となりその精度も向上している。しかし、データやツー
ルを扱う人材のスキルによって解釈や示唆といった品質面で優劣の差が出
る。これまで事務的で定型的な業務を柱としてきた人事部門の社員は、
データから読み取れる傾向や示唆出しといった分析経験が少ないのでこの
領域のスキルは最低限もっておくことが必要である。また、これからは
AIを活用した分析結果を論理的に理解する必要が出てくるので、最低限
のアルゴリズムに関する知識も必要になるだろう。

社員1人ひとりの"今の感情"を拾う重要性の高まり

　従来の年功的キャリアのもと厳格な上下関係が存在した時代には、働き
方や職場環境に関する社員からの率直な意見は重視されず、形式的な面談
で上長が部下の要望を聞き取り、上長の判断で対応するかどうかを検討す
る程度であった。

　しかし今日では、リモートワークというワークスタイルもあり、誰の
フィルターもかかっていない社員からの具体的な情報の重要性が高まって
おり、欧米企業のHRBPはインフォーマルな会話とヒアリングに多くの
時間を割いている。

　このような社員1人ひとりの今の感情を拾って対応する即応性がHRBP
としての提供価値となることもある。このように社員のワークスタイルが
多様化し見えにくくなっている今日だからこそ、日々事業部門で働く社員
がポジティブな感情を抱く体験を特定し、その体験を与える施策を検討で
きる能力は、社員のエンゲージメントを向上させつなぎとめるために有効
である。

　次に必要なのは、「事業部（現場）の業務に求められる知識やスキルを
理解し、タイムリーにアップデートができる」ことだ。「現在事業部にど
のような業務が存在しているか」「その業務を一人前に遂行するにはどの

程度のレベルが求められるか」「これからどのような業務が増え、どういったスキルが必要になるか」「それをできる人は現在何人いて、今後何人程度必要になるか」といったことを整理し、タイムリーに更新しておく必要がある。これは簡単なようで難しい。というのも、業務内容はともかく前節での事例で解説したように、必要な業務レベルは仕事の難易度によって変わるからだ。仕事に必要な知見を状況に応じてうまく調整できることがスキルなので可視化するのは難しい。更新する情報は、必要な経験や知識といった内容にとどめておくほうが現実的で、社員のスキルについては、直接対話を通じて思考や行動様式を見極めるほうがよい。

　最後は、「社内に人脈をもっていること」である。事業部門の問題に対して自分に知識がなくてもその領域にくわしい人を社内外に有していることはHRBP要員として重要なスキルといえる。たとえば、人事データの分析にくわしくなくても、データ解析に知見のある人の考えを聞いて回答すればよい。要はHRBPのクライアントである事業部責任者に「対応してもらえた、ありがたい」と感じさせられるかどうかである。さらに責任者が「もっと具体的な話を聞いてみたい」というのであれば知見のある人材を紹介すればよい。

　HRBP要員としてのゴールは、事業部長から「相談するに値する人」と信頼されることだ。「この人の発言や提言は聞く価値がある」「事業部員の成長を助けてくれる」と思われることである。ただし、事業部長のいいなりでは信頼されない。相談された領域に対して自分なりの見解をもち、相手と見解が違っても毅然と反論できることも信頼獲得には重要なものとなる。人材の流動化により事業部門が大きな危機意識を感じている今だからこそ、HRBPを活用して人事部門が信頼を獲得するチャンスがある。

リスキリング意欲を高める社員のキャリア啓発

一般的なキャリア開発の仕組みは大企業でしか機能しない

　ここまではリスキリングの成果をあげるための、制度や機能といった組織への働きかけについて解説してきたが、ここからは人材への働きかけについて解説する。具体的には、キャリア意識の乏しさや学ぶ意識の低さという問題を解決するために有効な考え方とステップを紹介する。

　一般的なリスキリングを仕組み化している会社を見ると、①スキルを把握し、②キャリアパスを描き、③その計画を立てる、そして④学習して、⑤一定の単位や認定証を付与するというものである。

　この仕組みの中に、社員が保持するスキルを可視化したり、単位獲得数を評価制度とリンクさせ報酬に反映させたり、管理職が社員のリスキリング状況を把握して計画の進捗や改善のための会話をもつ会社もある。仕組みとしては非常にわかりやすい。しかし、この仕組みは自分の希望するキャリアパスが社内に存在し、社員1人ひとりが自律している組織であれば機能するだろうが、いわゆる自律的キャリア形成が日本の多くの企業ではまだ根づいていない現状では機能しない可能性が高いと考えられる。

　有効な打ち手としては、リスキリングの仕組み化に着手する前か、仕組み化とセットで社内の新たな就業機会（リスキリングされた先に何があるのか）も仕組み化しておく必要がある。さらに、社員個人のキャリア啓発と学習後の経験を積ませる就業機会の提供を一度に進めるのは実現性の観点からリスクが高く非効率とも考えられる。というのは、キャリアの啓発には個人差があり時間もかかるからだ。また学習後の就業機会の提供も、受け入れる部門との調整や送り出す部門の抵抗感を緩和するのに時間がかかり、制度として定着するにはさらに時間がかかる。したがって、「キャリア開発」と「学習後の就業機会の提供」とを分けて進め、運用できるところから先にスタートさせるほうが社員の納得度も高い。制度として構築

しても実行がおぼつかない状況では制度に対する社員の信頼も低下するだろう。一見遠回りのように見えるが、小さくても実行できるものから始めるほうがリスクを分散でき実効性が高まるのである。

リスキリング意欲を高めるキャリア形成のステップ例

ここでは、リスキリングへの意欲を高めるために、キャリアづくりについて社員を意識づけするためのステップを解説する。

Step1　前提条件を理解：「4to40」から「4to4」の時代

キャリアを啓発するには、なぜキャリア啓発が求められるのかについて背景を含めた理由が必要だ。明確な理由をもっている場合とそうでない場合とでは仕事やリスキリングに対するモチベーションは大きく変わる。特に明確な理由もなくとりあえず仕事をやっている人と、明確な理由をもって仕事をする人とでは、数年後の成長やキャリアにも大きな差が生じる。苦しいときやつらいときの踏ん張り方にも大きな違いが生じるだろう。

現代は、「4to40から4to4の時代」といわれている。これまでは4年間大学で勉強し40年（定年まで）仕事をすることができたが、今は4年間学んだら4年仕事ができる、に変わった。つまり賞味期間は4年であり、4年に1回はスキルをアップデートする必要があり、学びながら働く時代では自分にベストなスキルのアップデートについて考えることの重要性を認識してもらう必要がある。

Step2　仕事の振り返りとリスト化

これまでやってきた仕事を振り返り、どんなスキルを獲得したかをリスト化する。

スキルは、「テクニカルスキル（担当業務に必要な知識や技能）」「ヒューマンスキル（対人関係能力・人間理解能力）」「コンセプチュアルスキル（抽象化して物事の本質を見極める能力であり本質を考える能力）」の3項目に分類し、ロジックツリーで構造化して整理するとわかりやすい。たとえば、人事の仕事の場合は、主な業務に①②③の3つがあったとして、①の

達成のためにどんなスキルが必要とされたか、②は、③は、……というイメージである。このスキルの棚卸しには、かなりの時間と根気が必要なので、相応の時間の確保と記載例を示すなど粒度を一致させておくことが重要である。一緒に仕事をした関係者に尋ねてみるのも有効だ。自分ができているのに気づいていないスキルを発見する場合があるからだ。

Step3　これからやるべき仕事の分析

棚卸しをしたこれまで手に入れたスキルから、これからどういった仕事のオプションがあるのかを分析する。このスキルはこういった業務で活用できるのではないかといった想像力も求められる。ひとりでやると発想が制約されるので複数の関係者に尋ねたり、一緒に実施したりするとかなりの選択肢があることに気づくだろう。また、Step2とStep3は、異動や配置転換も想定し定期的にアップデートする習慣をつける必要がある。

Step4　実行計画を考える

Step3で自分の仕事の将来の姿が少し見えてきたら、自分の当面のキャリアゴール（3〜5年後が考えやすい）を考え、それに応じて仕事をしながらどう実現するかを考える。また、今の主な業務の中にスキルのアップデートをどう組み込めばよいかについて、リスキリングに捻出する時間配分を含めて考える。

Step5　リスキリング後の就労環境について話し合う

リスキリング後に望む仕事の条件を上司や人事部門と話し合いながら交渉する。これは日本企業の社員にはなじみのないことで不安に感じる社員もいるかもしれないが、自ら考えたキャリアを構築するために望んでいる仕事環境を手に入れるには自ら動くことが重要だ。会社側も、それに応えられるように努力すべきで、これまで経験したことがない職種に対して積極的にリスキリングした人を優先的に異動させ、正当に評価する人事体制が必要である。

ベテランには培ったスキルを違う環境でどう活かすかを考えてもらう

リスキリングさせるために社員のキャリア形成に働きかけることは有効

であるが、これが通用するのは40歳手前の社員までだろう。40歳を過ぎた社員は、一部の管理職も含めて現状の仕事の進め方に慣れきっていて、これからの自分のキャリアを考える動機が薄くなっていることが多い。会社に強制されないと自分のスキルをアップデートできなくなった層といえる。40歳以上の社員に対しては、環境変化が激しい時代に残りの人生を充実して働くためにはキャリア啓発が必要なことを理解させつつキャリアを振り返らせ、これまで培ってきたスキルをこれから別の環境でどう活かすかについて考えてもらうほうが感情的に受け入れられやすいと思われる。

　これまで中間管理職は会社の命令で異動や転勤を繰り返してきたこともあり、いまさらキャリアといわれて戸惑う人も少なくないが、これまでの経験から培ってきた自分のノウハウやスキルに気づいていない人も多いように見受けられる。カウンセリング等を活用し第三者との対話を通じて、見えていなかった自分のスキルに気づいてもらうことも有効だ。

リスキリングを動機づけるリーダーの働きかけ

「目標・到達ゴール」を明確に示す

　ここまでリスキリングの意欲を高める内発的動機づけの手段として、社員自身のキャリア形成に働きかけるステップについて述べてきたが、自分自身でモチベーションを高めるのは当事者意識の高い社員以外は容易ではない。そこで、社員の内発的動機に刺激を与える施策としてリーダーによる言動・行動といった働きかけについて解説する。なお、ここで解説するリーダーとは経営トップおよび組織長を指す。

　リスキリングの目的やリスキリングによる到達すべき目標を語ることは、社員の未来に対する楽しみや喜びを喚起し、その達成に向けてモチベーションを高めることができる。そして、目的や目標を共有することでメンバー間の心理的距離を縮め、チームや組織の一体感を生み出すことが

できる。そこでリーダーは、リスキリングの必要性やその意義について発信し、組織としての本気度を社員1人ひとりに理解してもらうことが必要である。日々の業務が多忙で時間をとるのが難しいかもしれないが、リスキリングに取り組む組織の一体感を醸成し組織の成長を図るためには、自らの仕事の一部を他の人に任せてでも時間を確保し、ビジョンを語り、自分がこれからどうしたいと思っているのかを説いて回るべきだ。配下の社員が業務で多忙を極めていても、リスキリングによって明るい未来を見出すことができればさらなるモチベーションとエネルギーが湧くが、そのような未来を見出すこともないまま日々の業務に追われるだけだと疲弊してしまう。

社員へのエンゲージメント調査を行うと、多くの社員から「会社のビジョンが見えない」という意見が聞かれるが、経営トップに聞くと「ビジョンは常に語っている」という。この乖離の大きな要因は、経営トップと社員の間にいる幹部職が自分の言葉でビジョンや目的を翻訳していないからではないだろうか。

組織長をはじめとする幹部職は、経営トップの話をそのまま伝える伝書鳩ではない。経営者は長期的な視点から物事を考えており、現場への期待や指示もその視点からの考えに基づいて発信するのが一般的だ。一方、社員は目の前の顧客や上長からの要求に応えることが重要で、時には経営トップからの要求が無謀だと感じるときもある。そこで、「どうして経営トップはリスキリングを推奨しているのか」「なぜ今のままではダメなのか」について、自分なりにかみ砕いて論理的に伝えることで配下のメンバーはその意味が理解できる。

組織のリーダーとして、リスキリングの必要性について未来のイメージをメンバーに見せることができているか、そしてメンバーを前向きにさせることができているかをこの機会に検証するとよいだろう。一方、部下の指摘する疑問や不満に一理あるようであれば、それを黙止せず経営トップに対して「提言」という形に変えて伝えるなど配慮することも重要である。

社員側も、自分のキャリアは自分自身で考える思考の転換が必要だ。そ

れは、第1章で解説したように、これまでの会社と社員との関係が、「主従（親子）関係」から「対等なパートナー（恋愛）関係」に変わるからである。この関係のバランスが崩れると、会社に魅力を感じない社員は離職し、会社の成長のために貢献しようと考えられないパフォーマンス（成果）の低い人材ばかりのぬるま湯の組織になってしまう。会社と社員が相思相愛の関係を維持・継続するためには、会社のビジョンや目的の理解に努め、納得したら「自分が会社にどう貢献できるか」を考えながら自身のキャリア像を思い描くことが必要である。

たとえば、上司は部下との1on1（ワンオンワン）面談を設定し、今の仕事を拡大・発展させていく「次の段階」について話し合い、部下から関心が高い専門性や学びのテーマを引き出し、それを会社がどう支援できるかを一緒に検討する。また、協働プロジェクトなどで他部門の社員との交流機会を増やすことで経験を交換させるなど、ヨコの学び合いをうながすことで新しい価値を創発させることも刺激になる。

「意味づけ」でリスキリングに対してポジティブな感情を抱かせる

リスキリングに対して、どのような感情を抱くかは意味づけによって決まる。たとえば、人事改革プロジェクトといった全社員を巻き込むような出来事が発生すると、社員にはさまざまな感情が生じる。よい出来事と思えばポジティブな感情が生まれ、悪い出来事と思えばネガティブな感情が生じる。

このことは、ポジティブ・ネガティブの感情は起きた出来事そのもので決まるのではなく、その意味づけを行うことでそれに見合った感情が生じる。いい方を変えれば、出来事に対して良い・悪いという判断は社員の意味づけ次第であり、意味づけをすることで生じる感情を社員自ら選んでいるともいえる。人間は置かれている環境やこれまでの経験から形成される価値観、先入観をもとに目の前の出来事に対して無意識に意味づけを行うものである。たとえば、社内に多くのプロジェクトが走っている会社では、社員のプロジェクトに対する意味づけがポジティブになっていないこ

とが多い。「次は何をやらされるのか」という受け身の感情が先に立つために、自ら積極的に動かないのだ。

　リスキリングという言葉にシニア社員がネガティブな感情を抱くことが多いのは、リスキリング自体が悪いのではなく、その意味づけが悪いからである。このような場合、相手がリスキリングにどのような意味づけをしているのかを推察し、必要に応じてリスキリングに関する意味づけを変えるということも動機づけの効果的なアプローチだ。たとえば、そのネガティブな感情を抱く社員に対して「そのように否定的にとらえている理由を教えてもらえないかな」「スキルをアップデートすることは変化する時代には誰でも必要なことだと思いますよ」といった対話を通じた意見交換を行い、相手のいい分を傾聴したうえで論理的な反論をすると効果的だ。

「理由」を使って動機づける

　理由は、社員が目的や目標に向けて行動を起こし、達成に向けて維持するモチベーションに大きな影響を与える。「なぜスキルをアップデートする必要があるのか」「なぜこれまでやってきたやり方ではダメなのか」という社員の深層的な疑問に対して明確な理由をもって説明する場合とそうでない場合とでは、リスキリングに対するモチベーションは大きく変わる。具体的な理由を説明することによって、「会社の都合で一方的にスキルの転換を押しつけてきた」という社員のネガティブな感情から「自分のキャリアや将来を考慮してスキル転換を勧めてくれた。会社の生き残りのために自分も貢献しよう」というポジティブな感情に変わるのである。このように理由は相手を動かす大きな力をもっている。理由がなく権力を使って「やりなさい」という指示・命令は、社員を即座に動かすことはできるが、動機づけにはまったく効果がないのである。リスキリングに取り組む理由を明確に説明することでモチベーションが上がり、リスキリングのアップデートに成功する確率も上がる。

　ここまで、リスキリングの進め方について「組織や仕組み」と「人材」

の2つの観点からのアプローチを述べてきた。今から始めることができる取り組みと中長期的な取り組みについて、現在地を見極め実行に移すことで実効性の高い成果が期待できる。

3

リスキリングの最終ゴール

社員が自ら学ぶ企業文化とウェルビーイング

　リスキリングの最終ゴールは、リスキリングといわなくても、社員が「自分の能力をアップデートし続けることが大切だ」と常に感じている状態になることである。社員が学ぶ楽しさを実感することで学ぶこと自体が社内の文化となり、社員1人ひとりが会社の将来像や発展した姿に向けて、スキルを最新かつ必要なものへと自ら更新できるようになることである。人は学ぶことによって成長する。学ぶことで視野が広がり多様性を許容できるようになる。

　ウェルビーイング（Well-being）とは、身体的、精神的、社会的に良好で満たされている状態にあることを意味する概念で、「前向きな感情」「エンゲージメント（働きがい）」「良好な人間関係」「意味や目的」「達成感」がウェルビーイングによい影響をもたらすとされている。社員がリスキリングに取り組むには、学ぶ意欲を高めることが必要で、そのためにはこれらの5つの要素が必要不可欠である。

　学ぶ意欲を高めるには、心を動かす目的と社員の前向きな感情が必要であり、その感情が高まることで自発的に動いたり考えたりすることができる。自発的に動くには自ら問いを立てられることが必要で、自ら立てた問いに基づき情報を収集したり考えたりできる。そして、問いは関心や興味をもたなければ出てこない。その興味や関心は、自分で経験し実感することで湧き上がる。結局、学ぶ意欲を高めるには、自分で経験し実感するこ

とが必要なのである。そして、学んだことを良好な人間関係の中で対話することで理解が深まり視野も広がり、新しい仕事にチャレンジして成長を実感するのである。

このように学びとウェルビーイングとは深いつながりがあり、リスキリングには社員のウェルビーイングな状態が不可欠だ。ウェルビーイングの「社会的な要求」が高まる中、企業はウェルビーイング経営を志向し、自ら学ぶ新たな企業文化の創出に取り組むことが求められる。

自ら学び続ける企業文化の創出

新しい文化の創出と組織風土

学び続ける企業文化を創出するためには、今の組織の風土について理解する必要がある。組織風土とは、組織全体で長年かけて積み上がり暗黙的に共有されている思考・行動のパターンをいう。一方、企業文化は企業において能動的につくり上げていくことが可能な共有の価値観をいう。つまり、社員に新しい価値観を植えつけるには、これまで積み上がってきた思考や行動パターンである組織風土を理解しておく必要がある。KPMGが多くの企業の組織風土を診断した経験から、風土改革が進みにくい要因は2つあると考えられる。

ひとつ目は、風土改革の成果が具体的に見えにくいことである。先述したように、風土は社員の思考と行動のパターンなので、具体的に「何を変えるのか」「どう変わればいいのか」が社員に伝わりにくく、「なぜ変える必要があるのか」もわかりにくい。

2つ目は、部署の個別事情を優先する考えが会社の暗黙の了解として根づいている場合だ。全社的な改革を唱えながら、特定部門が反発する可能性から個別事情を認めたり、黙認したりしてしまうと改革の足並みがそろわず、改革の価値が低下し内容も乏しいものになる。これは調和型経営者

のリーダーシップに多い。

　全社最適を目指す施策は、時に部門にとっては都合の悪い状況も生じる
ものである。部門に不利益を生じさせないことを優先すると、全社最適が
犠牲になる。したがって、風土改革は経営トップから風土を変える意義や
重要性、そして決意を述べることが最も重要になる。風土改革のメッセー
ジングを推進担当部門に任せてしまうと、改革の真意が社員に伝わりにく
い。経営者自身も変わる、ともに変わろうという意思をメッセージとして
発信することで会社全体の改革の熱量が高まる。

組織風土と風土形成の要素

　では組織風土形成の仕組みを考えてみたい。組織風土は組織に所属する
社員の習慣化された思考と行動のパターンである。組織風土は社員の行動
と密接な関連があり、組織内の意思決定、仕事の進め方、部下のマネジメ
ントといったさまざまな場面で表出し、その組織特有の“らしさ”を形成
する（図表3-10）。

　社内で組織風土が影響を与える場面にはさまざまあり、たとえば意思決
定の場面では、会社（実質的には経営トップ）が方針と施策を決め各部門

図表3-10　組織風土の概要

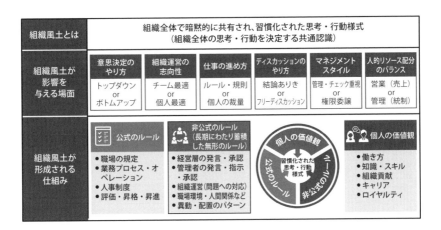

や社員に落としていくトップダウンか、下から起案した内容をトップが承認するボトムアップかに分かれる。仕事の進め方では、ルールや規則を最優先で進めるやり方か、個人に裁量を与えて推進するやり方に分かれる。日常の意見交換では、自由に意見交換をさせながら話をまとめていくやり方か、すでに結論が出ていてそれに合わせる形で意見を調整していくやり方がある。

リソース配分の仕方にも風土が表れる。売上優先の組織では営業機能に優秀な人材や多額の予算を投入するだろうし、統制を重視する組織では、管理領域にリソースを優先的に配分するのである。

組織風土は、3つの要素で形成される。ひとつ目は「規定」「ルール」「仕組み」などの「公式のルール」である。2つ目は会社へのロイヤルティ、働き方、従業員エンゲージメントといった「個人の価値観」、そして3つ目は、「非公式のルール」である。非公式のルールとは、経営層や管理職の発言や承認に表れる。経営層が「これからチャレンジが重要だ」と発言しておきながら、実際には従来の業務で実績を出し続けた社員が評価されるのが典型的なケースである。これによって、「うちの会社は本音と建前をうまくくみ取りながら行動することが大事だ」「チャレンジして失敗するよりも現在の業績を上げることに注力するほうが得だ」というメッセージを会社が暗黙に発信しており、それを受け取る社員は「チャレンジしても報われない」という行動のやり方を採用する。職場の人間関係も同様だし、出世する人材がたどる異動先や配置先も同様である。

組織の風土を変革するということは、変えるべき組織風土が影響を及ぼす場面を明確にして、変革後の姿を可能な限り具体化・可視化し、組織の基準を変えることだ。図表3-10の組織風土が影響を与える場面にアプローチする必要がある。ここで、会社がチャレンジする組織風土の醸成を例に考えてみよう。

チャレンジする組織風土が社員が自由に発言し、やりたいことを行動できる状態だとすると、それを阻害する要因は部門長の部分最適の志向が強く、適材の異動・配置がなかなか進まない状態といえる。人事領域では典

型的な「総論賛成・各論反対」のケースである。総論賛成・各論反対の風土は、「意思決定の仕方」と「組織運営」に影響を与えていると考えられる。公の会議では黙って反対しない一方で、具体的な人材の異動配置の場面になると「この人材を抜かれると現場が混乱する」と抵抗し、変革が骨抜きになるケースだ。この場合は組織運営と意思決定のやり方にフォーカスして行動を変える必要がある。具体的には、会議の場で全社最適を推進する場合、個人や部門が困ることを包み隠さず議論の場に出してもらい、本音で意見交換することである。そして確定したあとに異議を唱えるのは禁止というルールを設けて意思決定を進めていくことが効果的だ。異議を唱えられないようにするためには、できるだけ会議を公開して実施するといった演出も有効である。

組織風土を変える①
経営トップ自らがリスキリングした姿を見せる

　組織風土の醸成は、会社が一方的に伝達し推進しようとしても実現は難しい。従業員が腹落ちして行動し継続の積み重ねが様式となって浸透する。

　日本企業でリスキリングが進まない理由のひとつに、現場管理職の理解不足があげられる。リスキリングは労働時間内に行うため、部下の業務時間を割かれる現場の管理職からの理解を得にくい。リスキリングが全社戦略であることを前面に押し出し、経営トップの本気度を伝えることが不可欠である。

　また、社員の納得という観点では、経営トップを筆頭に取締役や執行役員がリスキリングによってアップデートした姿を実際に見せることは効果が高い。日本企業の多くは部長職以上の役職者になると研修が減り、役員クラスでは自発的な人以外は研修を受けなくなる傾向がある。まずは経営層が率先して自らをアップデートし続けている状態を見せることで、社員に本気度が伝わり納得度を高める。

組織風土を変える②　仕組みと運用で社員の行動様式を変える

　組織風土を変えるために、仕組みとその運用で社員の行動様式を変える企業事例を2つほど紹介する。

・事例1　パーパス浸透に向けた仕組みと行動を起こさせる仕掛け（金融）

　金融業界のA社は、設定した企業理念が30年近く経過していた。表現や内容が今日のビジネス環境に適さなくなっていることに加え、昨今の不確実性の高い環境下において持続的に企業価値を向上させていくには、現状踏襲の行動様式から新しい行動様式に変化する必要があるが、現在の企業理念が社員の行動指針として機能しておらず形骸化していた。

　そこで、社外人材を惹きつけ社内人材の求心力を高め、社員の意識・行動を変えるきっかけとなる新たな決意を込めた企業理念としてパーパスを策定した。そして、パーパスを形骸化させないよう浸透のステップと目指すべき状態を可視化した（図表3-11）。浸透において留意したのは「共感」だ。

　A社では、中期経営計画やマテリアリティ（優先的に取り組むべき重要課題）、サステナビリティ基本方針などを策定するたびに、経営トップ自ら社員に向けたメッセージを発信するなどを積極的に行ってきた。しかし、社員の行動に大きな変化が見られなかった。その理由を探っていくと、コミュニケーションが会社から社員への一方通行で、社員が納得していない状況が判明し、「理解」と「共感」の間に大きな壁がある状況だった。説明会や動画を会社から押しつけても社員の行動変化にはつながらないことを身に染みて感じていた担当者は、パーパスをいかに浸透させるか、その抵抗はどこにありそうかを考えながら、パーパス策定の検討を始めた。

　パーパス策定段階では、各部門から選抜した若手社員でプロジェクトチームを結成し議論を重ねて、パーパスのエッセンスを盛り込んだ原案を策定した。社内発信でも、検討段階で苦労したことやこのパーパスに対す

図表3-11　パーパス浸透のステップと目指す状態

浸透ステップと社員の心情	社員の心情				
	Level 1 知る ・「○○が変わるらしい」 ・「求められていることは、○○らしい」	**Level 2 理解する** ・「○○はこんな背景や思いでつくられてるらしい」 ・「会社や経営層はこういった価値観なのか」	**Level 3 共感する** ・「○○と自分の仕事は合致している！」 ・「自分のやりたいことと○○はこんな共通点がある！」	**Level 4 実践する** ・「仕事を○○に沿ってやってみよう…」 ・「○○を実践するにはどうすればいい？」	**Level 5 継続する・伝える** ・「○○を意識して行動するのが習慣になってきた」 ・「うちでは、〜を目的に○○をしてね……」

目指す状態	**①（頭）認知的理解**	**②（心）情緒的共感**	**③（身体）行動的関与**
	・自社の企業理念の内容を知っている ・入社間もない新入社員に説明できる ・求められれば、社外の人に説明できる	・自社の企業理念に共感を覚える ・自社の企業理念は仕事上の難局を乗り越えるうえで助けとなる ・私の価値観と企業理念は矛盾しない	・どう行動すれば企業理念に基づく行動がとれるかを考えることがある ・自分が社内の会議や打ち合わせで企業理念に言及したことがある ・判断に迷ったとき、解決のヒントを得るため企業理念に立ち返ることがある ・難問に直面したとき、企業理念にまで戻って考えるようにしている

る想いを語ってもらい、現場との対話を何度も実施した。その結果、パーパス策定後に実施したアンケートでは、90パーセント以上の社員が「新しいパーパスに共感している」と回答した。そこで、各事業部門に向けた浸透活動にも若手社員にプロジェクトメンバーとして参画してもらい、浸透活動の核として活躍してもらおうと考えていた。しかし、このとき、大きな壁が立ちふさがる。事業部門の管理職だ。優秀な若手をパーパスのプロジェクト要員として引き抜かれたため、彼らはこのプロジェクトに対して前向きな印象を抱いていなかったのである。若手社員も浸透活動に参加したい意欲はあるものの現場に迷惑をかけてしまうのではないか、自分の活動が評価されないのではないかということを心配していた。策定を主導した経営企画部門も現場に遠慮し、浸透活動はやる気のある社員の自主性に任せようという空気が支配していた。

　しかし、幸いにも社内アンケート結果でパーパスの浸透活動に参加したい社員が相応の数いたため、これらの人材を組織化して各部門の浸透活動

にあたってもらった。パーパスの浸透をサポートした人材には評価を加点し、若手を送り出した部門には、コミュニケーション能力があり説得力・説明力に長けた人材がパーパス策定の意義や重要性について説明を行った。このパーパスの策定と浸透は会社として「明確な信念をもってやっている」と伝え、「意義を感じて手をあげるような人材を仕事だけに留め置くと、そのうちやる気をなくして辞めていく」ということも言い続けた。策定に参加した社員は目線が上がり成長実感が醸成され、パーパスの浸透活動も現場サポーターが増えたことで順調に進んでいる。

　よく優秀な人材を選定してプロジェクトに関与させるケースは多いが、関与した人材の貢献としての評価を明確に示していない会社が多い。評価の加点要素として考慮しているだろうが、明確に加点したことをフィードバックしているだろうか。評価結果が高い根拠を明確に説明していない評価者は、「評価結果の高低と社員の納得度との間に相関は見られない」ことを再認識すべきだろう。

・事例2　企業理念・倫理規定の定着に向けた仕組みと仕掛け（製薬）

　製薬業界のB社では、企業理念・倫理規定に関するアンケートを毎年実施し、その結果を社員へ公開している。B社の企業理念は複数の項目に分かれており、その項目に沿って現時点での実践度について全社員が評価する。結果は組織単位でフィードバックされ、各組織長は結果の原因と課題について分析し、翌年の実行計画を策定する。

　調査結果の分析と改善計画の策定は、組織長から指名を受けた社員が実施する（指名される社員は毎年変わるルール）。指名を受けた社員は1年間、改善計画に則り実行する。策定された改善計画の成否は翌年の調査結果で測定・評価される。

　ポイントは、分析および改善計画の策定と実行を指名された社員は、その年の評価（人事考課）が大幅に加点されるのである。しかも、実行した結果（翌年のアンケート結果）については評価対象外となる。つまり社員は改善計画の実行が評価され、結果の責任を負わなくてもよい仕組みだ。

　では、誰が責任を負うかといえば組織長である。組織長は、企業理念の

遂行と倫理規定の遵守に関する組織責任を負っているので、最終的な成果は組織長が負う仕組みなのだ。社員には改善の成果責任は与えないが、改善計画の策定と実行のためのプロセスを通じて企業理念と企業倫理について深く学ぶ機会を与えている。さらに、加点評価のインセンティブを与えることで前向きに取り組んでもらい、自社の理念を風化させない仕組みを運用している。このような運営によって、企業理念・倫理規定が、世界中のグループ企業の社員1人ひとりに確実に受け継がれ、各国のグループ企業においても事業運営の中核となっている。

　ここまで、プロジェクト型業務を想定した企業の実践について述べてきたが、新しいことを始めるときのポイントは、「やる気の高い社員の主体性に頼らず、仕組みやルールで社員を動かす」ことだ。仮にやる気の高い社員が、風土を変えることをやろうとしても、長い間同じ組織にいる社員は"組織の癖"に組み込まれていて、それ以外のやり方に適応することが難しくなっている。たとえば、デジタルを駆使したほうが生産性を高められる場合でも、仕事の進め方がすべてアナログに適応している人材を変化させることは難しい。初期段階で基本的な仕組みがあれば、それを運用する環境が形成され、その仕組みが日常に組み込まれて繰り返し使われることで行動が定着する。

　以上のように、行動を変えてもらうにはルールや仕組みで行動を強制的に変えてもらうことが早道で効果性は高い。最初は抵抗があるかもしれないが、人はある一定の期間が経過すると受け入れるようになる。

行動様式を変えるには、少数派の割合を3割まで引き上げる

　従来の組織の行動様式から新しい行動様式を醸成するポイントは「多様性」だ。多様性というと女性や外国人を思い浮かべる人は多いが、実効性が高いのは中途採用者など少数派の人たちの割合を増やすことである。組織の中で少数派の割合が3割となったときに、組織全体の風土が傾くという理論がある。少数派が一定の割合を超えると組織内での従来の運営方法

が難しくなり新しいやり方を考えざるを得なくなるからだ。組織内で中途採用者や女性がある閾値を超えると、組織運営や問題の対応の仕方、仕事の進め方が変わるため組織風土も変わるきっかけとなるのである。

　副業を認める、他社との協働の機会を増やす、といった施策も効果的だ。これまでとは異なる環境に身を置くことで自分の認識や見解に揺さぶりをかけることができ、自分の考えや行動を変えるきっかけになるからだ。

全社横断のプロジェクトマネジメントを経験させる

　リーダーがリスキリングの効果を実感しない限り、社員にリスキリングについて動機づけることは難しい。そのためにはリーダーまたはリーダー候補の人材を全社横断のプロジェクトマネジメントに参画させ、対話を経験させることが有効だ。少数派の環境に身を置いてもらうことでこれまでの理解や認識に揺さぶりをかけることができ、考え方や行動を変えるきっかけになるからだ。

　本章第2節で日本企業は将来プロジェクト型の仕事が増えると述べたが、リーダーにプロジェクト型組織を運営するマネジメントスキルを再確認してもらうことは部下の育成にも有効である。いきなり、話の通じない他部署の人材や一癖も二癖もある年上の先輩たちを束ねなくてはいけない環境で苦労した経験や、英語もうまく話せない中で海外拠点に赴任し、現地スタッフをまとめるような経験は、マネジメントスキルを積ませるうえでは有効である。

「やめる」「変える」「やり続ける」で仕事を変え続ける

　組織風土は、従業員の思考や行動に影響を与える"その組織特有の要因"であり、企業の長期的戦略を実行する能力に多大な影響を与えるが、問題は新しい組織風土を醸成するために具体的に何をするべきかの特定が難しいことだ。

　組織風土は、組織を構成する経営トップから社員までの思考や発言、行

動の様式なので、これらが変わることを目的に施策を講じる必要がある。そのためには、社員が働く動機にプラスもしくはマイナスに作用する要素を可視化し、プラスに働く要素は強化し、マイナスに働く要素は取り除くためのルールや施策を導入することが必要である。それを特定できたら「やめる」「変える」「やり続ける」の考えをもって仕事を変え続けることだ。地道な小さな変革は積み重ねていくことで大きな変革となる。

　また、「今の組織風土が過去にどのような要素で形成されたのか」「社員がどこまでの変革であれば受け入れられるのか」を見極めることも重要だ。従業員から受け入れ難い改革は、アレルギー反応のように反発を招き瓦解しかねない。「会社全体として何を実現したいのか」「社員には、今の考えや行動をどう変えてほしいのか」、そして「社員が受け入れ、行動が変わるまでどの程度の時間が必要か」ということを織り込んだうえで組織風土の醸成に臨む必要がある。組織風土は効率性だけでとらえず、社員の感情といった非合理性も加味して考える必要がある。

主体的にリスキリングする企業文化

探究型の学習、多様性の環境、対話を通じた気づき

　第1章で、人材を「利益を生む資本」としてとらえる人的資本経営の根幹には、社員と組織の活性化があることを解説した。社員の活性化には、自発的な学びによるリスキリングが必要であり、学んだことをスキルに昇華させるには仕事を通じた経験や多様な人との対話による気づきが必要で、多様な人との対話には人同士の関係を良好にする組織の活性化が不可欠である。人的資本経営は、経営戦略の実現に向けて、「人」という最も扱いにくい経営資源に働きかけ、人のやる気を高め組織を動かす営みである。そして、企業が生き残るために社員に望ましい方向へ変わってもらうことでもある。

そして、リスキリングを進めるには、組織の機能を強化したり社員個人に働きかけを行ったりしながら自発的に学ぶ組織風土を醸成する必要がある。その結果として社員の心身ともに満たされている状態であるウェルビーイングが実現する。

　ウェルビーイングを高めるには、本節の冒頭で述べた5つの構成要素（前向きな感情・エンゲージメント・良好な人間関係・意味や目的・達成感）に働きかける必要があるが、それぞれの要素は複雑に絡み合い単独で存在するものではない。KPMGでは、リスキリングを通じて社員のウェルビーイングの状態をつくるカギは「探究型の学習」「多様性の環境」「新たな気づき」にあると考える。

探求型の学習とは

　現代のビジネスにおける問題は複雑化している。これからも前例のない複雑な問題が高頻度で起きることが予想され、自分の力で考えて問題を解決しなければならないことが増えてくると考えられる。

　このような状況に備えて、社員は状況に応じた思考力や判断力を養い、自身の力で問題解決ができることが求められる。与えられた明確な課題に対応する教育は時代遅れとなり、自分で課題を見つけ特定できる能力と、それを解決するスキルが求められる。予測不可能で正解のないさまざまな問題や課題に向き合う機会が多くなる中、課題形成の知識のみならず、必要な人材を集めて問いかけをしながら解決する過程でスキルを身につけることが、これからの社員の学び方である。

社員個人が変化に応じて自ら形成していくこれからのキャリア

　キャリア観も変える必要がある。今後キャリアの所有権は、会社から個人にシフトしていくだろう。日本企業の社員の多くはこれまで、「キャリアは会社・組織から与えられるもの」と認識してきたのではないだろうか。

　しかし、これからのキャリアは「社員個人が、変化に応じて自分の意思

で変更しながら形成していくもの」と認識する必要がある。キャリアの目的や成果も、従来の組織内の昇進や権力といったポジションの獲得から、今後は自分自身の成長や仕事の裁量といった自己実現や自由度の獲得に変わるだろう。

留意すべきことは、自分でやりたいことを好き勝手にやる自己中心的になることではなく、組織の変化に対する柔軟性や仕事の変化に対する適応力をつけることであり、その手段がリスキリングととらえるべきだ。

環境変化が激しく、変化をしないことがリスクになる時代において、会社や組織が敷いたレール上のキャリアではなく、自分がつくったレールを自らの力で進んでいくことが必要になる。一方で、企業として社員を処遇するキャリアパスをどう描くかは、これから人事部門が検討すべき重要なテーマになるだろう。

多様性が学びの裾野を広げる

第1章で、「同質性の高い組織ではイノベーションが生まれにくい」ことを解説したが、今の日本企業では多様な人材が活躍できる環境が十分整っていないのが現状だ。

たとえば、新たにデジタル人材を採用しても活躍する前に辞めてしまう。その主な要因に人事制度がある。中途人材の採用では前職の報酬額に合わせて格付けされることが多く、中途採用者の報酬と資格要件との不整合が発生するといった問題だ。また、同じ正社員で転職者とプロパー社員との間で報酬格差が発生することにより、転職者に向けたプロパー社員からの視線や評価が厳しくなるような周囲の嫉妬などがあげられる。だが最大の要因は、組織として「デジタル人材を活用してどうしたいのか」が曖昧なために、デジタル人材の能力を最大限に活かせる環境が用意できていないことにある。これでは学びの深化は見込めない。

多様な人材が活躍できる環境をつくるには、会社側と社員側双方の努力が必要だ。会社側ではデジタル人材を処遇できる処遇制度の再構築が必要であり、社員には1人ひとりの違いを認め合う行動変革が必要だ。

社員がまず実践すべきことは、誰かが自分の考えとは異なる発言をして違和感を覚えたときに、「なぜこの人はこのような発言をしたのだろうか」と思いをめぐらせて、発言の理由や背景を確認することだ。次に「自分はなぜその人の発言に違和感を覚えたのか」を問い、自分の価値観（根底にある思想）を確認することが有効である。

　違和感を抱くことは悪いことではなく、自分の新たな気づきや思考の深化につながる。「違和感は学びのチャンス」と肯定的にとらえることが重要だ。「間違っている」と否定してしまいそうなことや「そんなの当たり前だ」と受け流してしまうことにイノベーションの種や新たな発見がある。

　さらに、対人関係面でも相手の意見を切り捨てないことが後々の信頼関係にもつながる。多様な人材1人ひとりの違いを認め合った結果、学びの裾野も拡大していく。多様性は、違和感とセットでありフラストレーションがたまることもある。しかし、それを受け入れ、乗り越えることで新たな仕事の意味や目的を見出し、自らの成長につなげることができるのである。

「学ぶこと」は心身の解放につながる

　図表3-12に自発的な学びの循環を示している。「学ぶ」という行為には、「知見や経験を獲得する」という見方と「制約を取り払う」という2つの見方がある。私たちは、生まれ育った家庭や教育、体験などを通じて外部からの影響を受け、社会の「当たり前」を無意識に取り込んでいる。学び続けることは制約を取り払い、心身が解放されることにつながる。

　人は学ぶことによって成長し、多くの気づきを得ることができると成果はあがる。さらにそれが自信となり、他者との質の高い会話を通じて、これまでの制約を取り払うことで視野が広がる。その結果よい友人や仲間ができる、という好循環が機能し始めると自発的に学ぶようになる。このようなウェルビーイングの創出がリスキリングの一番の成果である。

図表 3-12　リスキリングの最終形は自発的に学ぶ文化の創出

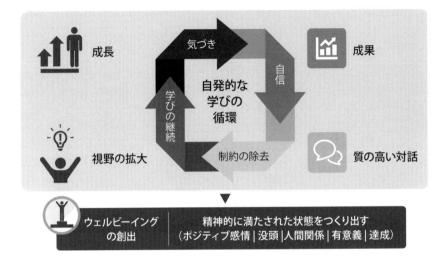

第3章のまとめ

- リスキリングが進まない要因は、リスキリングする目的が不明確なことに加えて、異動配置や社員のキャリアを開発する仕組みの問題と、キャリア意識や学びの姿勢といった社員の意識・姿勢の問題がある。置かれた状況に応じて知識の活かし方を柔軟に変えられる能力がスキルであり、その勘所を社員自ら見つけ出すことで学びへのモチベーションを高めることができる。

- リスキリングの成果をあげるには、制度や機能といった環境と、社員への内発的な動機づけの2つの働きかけが必要である。前者は、学んだあとの実践環境をタイムリーに提供する仕組みを構築することと、人事機能を変革し事業部門の人事課題を解決する機能を強化することである。後者は、社員へのキャリア意識の醸成とリーダーからの効果的な動機づけである。

- リスキリングの最終ゴールは、経営者を含む社員全員が学び続ける

風土を醸成することである。組織風土を変えるのは容易ではない
が、小さな変革を地道に積み重ねていくことが重要だ。

第 4 章

リスキリングの仕組みの評価と改善

1

定量評価

　ここまでリスキリングの仕組みを構築することについて解説してきた。しかし、仕組みを構築すればそれで終わりということではない。リスキリングの仕組みが有効に機能し、当初想定していた効果が得られているかという点を継続的に確認する必要がある。これはリスキリングの仕組み自体が有効に機能しているかという検証もあるが、社員の学びのスタイル、学習環境や志向、テクノロジーなどは常に変化し続けるため、環境の変化にも適合していることを検証するプロセスでもある。

　本章では、リスキリングの効果を検証する方法およびその検証結果をもとに、どのような改善に結びつけていくべきかについて解説する。

　まず、効果の検証という観点では、定量的に評価する方法と定性的に評価する方法がある。定量的に評価する方法（以下、定量評価という）は、結果について数値で評価する方法をいう。数値で表されるため客観性があるが数値と原因の関連性については十分な検証が必要となる。また、一度関連性を見出したとしても定期的な見直しもしなければならない。
　一方で、定性的に評価する方法（以下、定性評価という）は、評価結果と原因の関連性は見出しやすいが、結果をどのような改善行動に結びつけるかが難しい。
　定量評価と定性評価のどちらがよいということではなく、両者を組み合わせて改善行動につなげることが有効である。
　リスキリングにおける定量評価には「プロセス指標」と「結果指標」が

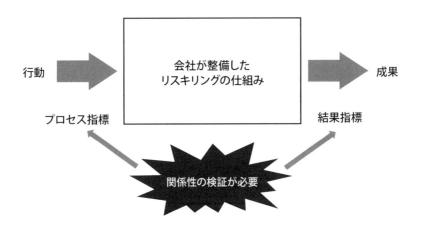

図表 4-1 プロセス指標と結果指標

行動　→　会社が整備した
リスキリングの仕組み　→　成果

プロセス指標　　　　　　　　　　　　　結果指標

関係性の検証が必要

考えられる。プロセス指標とは、結果が出るまでに費やされる努力量を測る指標であり、行動指標やインプット指標と呼ばれることもある。一方で結果指標とは、行動の結果として表れる指標であり、成果指標とも呼ばれる（図表4-1）。本節では、プロセス指標と結果指標それぞれの特徴と具体例を見ていく。

プロセス指標

プロセス指標をイメージしやすくするために、まずは具体的な指標を確認しておきたい。

たとえば、営業部門における売上増加という成果を出すために必要とされる行動として、顧客訪問件数、見積もり提出回数などが考えられる。売上増加の要因となるこれらの顧客訪問件数や見積もり提出回数がプロセス指標と呼ばれるものである。このプロセス指標は、すぐに数値が把握できるため、即座に行動改善ができるという特徴がある。一方で、成果と必ずしも結びつくものではない可能性があるため、結果指標との連動性について継続的な検証が必要となる。

また、プロセス指標だけを目的としてしまうと、その指標だけにこだわってしまい、本来の目的が達成できないおそれもある。たとえば、顧客訪問件数をプロセス指標とした場合、本来の目的である売上増加ではなく、顧客訪問件数だけを増やすことを目的としてしまうことが考えられる。この場合、本来の目的である売上増加が達成できないこともあり得る。プロセス指標は仮説に基づき、求める結果に結びつく行動原因を探り、その行動原因を指標化したものである。このため、関連性を検証できたものだけが有効に機能する。したがって、原因と結果の結びつきが弱い場合は、別のプロセス指標を検討する必要がある。

　では、リスキリングに関するプロセス指標としてどのようなものが考えられるだろうか。

　たとえば、総学習時間があげられる。学習時間が確保できていなければ、そもそもリスキリングに必要な新しい知識をインプットできていないということである。少なくとも学習時間の確保は必要であり、真剣に取り組んでいれば知識量は増えているはずである。もちろん学習する時間が増えることとスキルが伸びることは、必ずしも相関があるものではないが、学習時間がないのにスキルが伸びることは通常、考えられない。会社全体で学習時間が確保できていないのであるならば、全社として就業時間の中で学習時間が確保できるような仕組みを検討する必要がある。これはたとえば、1カ月間の学習時間を強制化するということや、ラーニングクレジットといった学習することで取得できる単位を個人の年度目標に組み込むといったことなどが考えられる。

　ただし、この場合は前述のとおり、学習時間だけが目標とならないように配慮することも必要である。同様に特定の部門の学習時間が少ない場合や、特定の個人の学習時間が少ない場合など、対象も踏まえて対応策をとることが必要である。

　総学習時間以外にも考えられるいくつかのプロセス指標とその結果を踏まえた改善行動を図表4-2に記載しているので参照いただきたい。

　これらはあくまで一例であるので、どのようなプロセス指標を採用し、

図表4-2 プロセス指標と結果を踏まえた改善行動の例

プロセス指標例	想定量に満たないことによる影響	改善案（例）
総学習時間	必要な学習量が足りないことによりリスキリングが進まない	総学習時間を年度の目標として組み込む
特定テーマの総受講時間	特定テーマの総受講時間が足りていないということは、テーマ自体の関心が得られていない	テーマの見直し
メンターとのキャリア相談時間	各人のキャリアビジョンが描けていないと目標とするスキルが明確にならない	相談時間の確保を徹底するが、必要に応じてキャリア相談者および被相談者の双方からのヒアリングを行い、別の原因がないか確認する
新規事業に対する年間の公募数／異動実施の有無	年間の公募数が少ないあるいは異動が少ないと、インプットした知識を実践できる場がなく、スキルが定着しない	中期計画等で表明した新規事業・業態拡大の進捗状況を確認し、軌道修正の是非を検討する
新規に作成された学習コミュニティの数と活動実績	コミュニティは、単独で学習するよりは、仲間同士で疑問点や気づいた内容の情報交換ができる利点がある。この場が提供できないと、本人のモチベーションや学習効果が限定される	想定量に満たない原因を把握したうえで、会社からのサポートの必要性を検討する
リーダーからの会社ビジョン、バリュー、パーパスの情報発信・討議回数	企業としての文化の醸成は、リーダーからの情報発信とその実践の繰り返しで定着する。経営層の考えとして情報発信や社員との討議がないと、文化として定着する土台を築くことができない	マーケット部門やコミュニケーション部門など、関係部署を巻き込んで、情報発信の方法・頻度を検討する

どのような対応をとるべきかについては、会社の状況に合わせて検討いただきたい。

結果指標

　プロセス指標の対となる概念として、結果指標がある。結果指標はリスキリングの効果を図る指標としては一番有効であると考えられる。この指標は、ある施策を実施して、その施策の効果が最も端的に表れる数値を使用する。

たとえば、先ほどの営業部門の例でいうと、売上増加を最終目標としているのであれば、売上高そのものが結果指標となる。また、他にも今後の継続的な売上増加を狙うのであるならば、マーケットシェアなどが結果指標として用いられる。これらの例からわかるように、結果指標は施策の成果を客観的・具体的な数値として把握できることから、行動改善の説得性があるという点に特徴がある。一方、短所として、結果の数値を把握するまでに時間がかかる点があげられる。そのため、結果がわかった時点で行動を改善したとしても、その改善行動の効果が表れるまでに時間がかかることとなる。

　ここからは、リスキリングにかかる結果指標をいくつか具体的に取り上げていくが、本書ではコーポレート部門を中心に解説していることから、コーポレート部門の業務にかかる結果指標を取り上げる。

①生産性の向上

　生産性向上の結果を数値としてとらえることは非常に難しい。しかし、対象をコーポレート部門とすると、業務効率性などが中心となり、具体的には対象業務にかかった時間数があげられる。ただし、時間数の把握と対象業務の特定に多大な労力が必要となり、実現性の面で問題がある。そこで、対象業務を広くとらえ、これに関わる人員数を指標とする方法を代わりに採用すること。これは厳密性には欠けるが、数値把握はしやすくなり、実効性の面を考えると利用しやすい指標となる。

②従業員エンゲージメントの向上

　従業員エンゲージメントとは、自社に対する思い入れや信頼度を指す言葉であり、これが向上すると会社のために貢献したいという思いが強いということになる。したがって、この従業員エンゲージメントが向上することは会社の発展にとって不可欠といえる。従業員エンゲージメントが向上する要因はさまざまだが、自身のキャリアを伸ばしてくれる、チャレンジができる機会が提供されているということは重要な要素となる。

リスキリングとの関係でいうと、社員がキャリアを伸ばせる環境がある
と感じることや、まったく新しいスキルで新しい事業に挑戦でき、自分自
身の成長を実感できる環境があるということは、この従業員エンゲージメ
ントを向上させることにつながる。

③社員離職率の低下

前述の従業員エンゲージメントに関係する指標ではあるが、従業員エン
ゲージメントが高い会社では、一般的に離職率は低くなる。自分を成長さ
せてくれる会社、チャレンジできる環境がある会社というのは、社員に
とって非常に魅力的な職場となり、この会社で働き続けたいというモチ
ベーションとなる。これが社員の離職率の低下に結びつくこととなる。

④採用コストの削減

これまでにない新しいスキルが必要となる場合、現在の社員では対応で
きず、外部からの人材採用を考えることもある。しかし、外部の人材を採
用しようとする場合、特にデジタル人材といわれるデータサイエンティス
トやデータアナリストなどは需要過多の状態が続いている。また、採用応
募者も大手テクノロジー企業を目指す傾向もあり、そもそも自社で採用す
ることが難しいという事情がある。外部からの人材採用コストは、一般的
に自社社員のリスキリングコストと比較して4〜6倍と、はるかに高額と
なる。さらに、採用しても1〜2年は期待されるパフォーマンスが発揮で
きず、会社の文化を受け入れるまでの時間もかかり、入社後数年で退職す
るケースも多い。

一部の人材を中途採用することはあると考えられるが、必要とする人材
すべてを中途採用するということは現実的には難しい。一方で、リスキリ
ングが想定通りに効果を出しているならば、採用人員自体も減り、採用コ
ストも必然的に低くなるはずである。ただし、採用コストは会社が成長段
階にある場合に高くなる傾向があり、他の要因によっても上下することも
ある。

⑤新規事業の成長率

　DXなどを念頭に、これまで自社で展開していたものとは異なる事業を始める場合、新規事業を軌道に乗せるためには新しいスキルをもった人材が事業展開の中心となる。

　この人材は前述のとおり、中途採用だけで賄うことは難しいことが多く、既存社員をリスキリングして必要な人材を確保することが必要となる。この新規事業が成功しているということは、リスキリングが成功しているひとつの指標ともなり得る。また、新規事業が成長しているということは、すなわち人員数も増えており、リスキリングの実践の場が提供できていることにもなる。ただし、新規採用だけで、あるいは事業を丸々買収することで達成した場合は、リスキリングの成果の指標としては利用できないため、前述の採用コストの削減や新規事業開始の状況と合わせて判断しなければならない。

⑥全社の売上に対する新規事業の売上高比率

　全社の売上に占める新規事業の売上の割合が高くなっているということは、会社自身の新陳代謝が進んでいるということでもある。すなわち、既存事業の規模に対して新規事業の規模が大きくなっており、そこに関与する人員も増えているということである。もちろん、事業によっては人の増加と売上が連動しないこともあるが、多くの場合には人の増加と規模、すなわち売上の増加は連動している。

　これは既存事業に関与していた人材が新規事業へシフトしていることの表れでもあるため、リスキリングの成果としてとらえることができる。読者の皆さんも祖業の事業からまったく異なる事業へと変革を遂げた会社を耳にしたことがあるであろう。これらの会社では全社の売上に占める新たに踏み出した事業の売上の割合が徐々に大きくなっている。

　会社全体の売上に占める新規事業の売上の割合が上昇していることは、リスキリングがうまくいったことにほかならない。

定量評価について、ここまでプロセス指標と結果指標のそれぞれについて具体例を見てきた。それぞれ長所・短所があるため、どちらがよいということはなく、両者を組み合わせて利用することとなる。

　実際のイメージとしては、プロセス指標でモニタリングした数値を見てこまめに改善をしていき、結果指標でリスキリングの効果が実際に表れているかを確認する。このときにプロセス指標と結果指標の相関性も確認し、必要に応じてプロセス指標の見直しを行う。

　一度、結果指標で期待した成果が得られたとしても、外部環境および内部環境は常に変わり続けるため、定期的なモニタリングを行い、必要に応じて改善しなければならない。

　定量評価は数値の説得力が高いという特徴は前述のとおりであるが、留意していただきたいのは、数値取得の経済性についても考慮しておくことである。これは、数値結果はたしかに行動の成果として表れるものではあるが、数値取得のために多大な労力・時間が必要となる場合は、いずれ使用されなくなってしまうということである。したがって、多少、行動や結果と連動していない数値であっても、経済的かつ簡易に取得できる数値であるという点も考慮して指標を決めるべきである。

　いずれにせよ、成果が数値として表れるため、改善が必要か否かという点では説得力があるものとなる。この点は次節で解説する定性評価との特徴と明確な違いが出てくる点である。

2

定性評価

「定性評価」とは、結果に関して数値以外で表現されるすべての評価をいい、具体的には成果に関する分析、所感、感想などが相当する。たとえば、「リスキリングをすることによってこれまでとは違った視点で物事が見えるようになった」「自部門のメンバーのやる気が上がってきた」などである。

成果という面ではよい・悪いということは判断しやすいが、悪い場合の評価を、どのように具体的な改善活動に結びつけるかが難しく、また、改善活動をした場合にその行動自体が改善に結びついたのか判断が難しい。

ただ、改善をしなければならないという気づきは与えてくれるため、この定性評価も前述の定量評価とうまく組み合わせて、より良いリスキリングの仕組みを築いていくことが必要だ。

この点を踏まえて、定性評価をどのように改善に結びつけていくのか具体的に見ていく。

受講者アンケート

「受講者アンケート」は、会社が用意した学習コースの終わりに多くの会社で実施されている方法である。受講したコース自体が役立つものであったのか、利用者の声を直接聞くことができるため、コース自体の内容や時間、レベルの適切性を判断する際に役立つ情報となる。

多くの会社では学習コースの企画・運営を外部に委託しているものと想

定されるため、会社として用意するコースの良し悪しについて有用な情報となる。

　学習コースに学習単位を連動させる場合は、アンケートの回答を単位取得の条件とするなど工夫をしておきたい。

　アンケートを自社で作成する場合は、次の点を考慮しておくことが望ましい。

―コースのわかりやすさ
―最新の情報が反映されていること
―コース時間の長さ
―学習難易度の適切性

　回答の容易さや回収率を考え、できる限り選択方式を採用するとともに、コメント欄を設けて、学習コースの改善に役立つようにしておく。

リスキリングの仕組みの定性評価

　会社が用意するリスキリングの仕組みは、図表4-3に示すように多岐にわたる。これら1つひとつについて定性的に評価することは難しいが、リスキリングに関する多面的な調査ができる手段として従業員意識調査が考えられる。従業員意識調査は一般的に、企業ミッション・企業文化の浸透や、従業員の意欲・満足度を確認する手段としても利用されるが、特に社員が心に思っていることを可視化できる方法として有効である。

　普段、社員が言葉に出していっていること、そうではないこと、建前と本音、実際に行動として現れていることなど、「本当はどう思っているのか？」という胸の内を明らかにする方法である。本音を正直にいってもらうためには匿名とすることは不可欠であるが、できれば調査自体を外部に委託し、誰がどのように回答したかということがわからない形態としてお

図表 4-3　リスキリング整備・運用の全体図

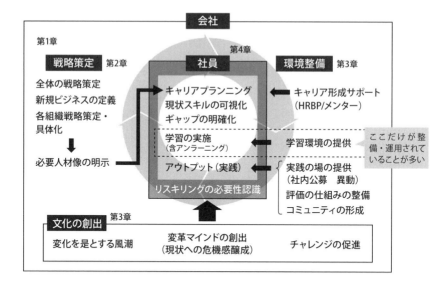

きたい。

　この秘匿性については、社内の者はたとえ社長や人事部門の責任者であってもアクセスできないようにしておき、それを事前に社員に宣言したうえで回答してもらう。

　通常、従業員意識調査はリスキリングの成果だけを測るものではないが、社員の本音を聞き出すという点に着目すれば、リスキリングの仕組みを定性的に評価できる手段としても活用できる。

　また、調査自体を外部機関に委託することによって、他社と比較した自社の現在地、同業の中におけるポジションといった評価も得られるため、評価結果を有効に利用することができる。

　では、この従業員意識調査にはどのような項目を含めるべきであろうか。

　もちろん会社によって異なるものではあるが、リスキリングの成果を測る方法としては次の項目が入っていることが望ましい。

① 企業戦略・部門戦略

　このテーマに関する具体的な質問としては、「会社として示された戦略、パーパス、ミッション、ビジョン、バリューなどが明確であるか?」「社員自身は理解しているか?」「同様に部門としての戦略、ミッション、ビジョンが明確であり、社員自身が理解・実践しているか?」などが考えられる。

　会社としての戦略やミッション、部門としてのミッションが明確でないと、会社として目指すべき方向性が曖昧となり、第2章で述べた求められる人材像が明確とならないため、何を目指して新しいスキルを獲得すべきかという判断が難しくなる。社員のどのくらいの割合まで、企業戦略・部門戦略が浸透しているか判断するには有効である。

② キャリア形成

　具体的な質問としては、「現在の会社にいることによって自身のキャリアが伸ばせるのか?」「キャリア形成で相談できる場があるか?」「会社の資源(リソース)を利用して自身のキャリア形成ができているか?」などが考えられる。

　リスキリングを始めるにあたり、目指すべき人材像と現在のスキルを比較し、そのギャップを埋めるためにリスキリングに取り組む。ギャップが大きければ、年度ごとの目標に分解して、翌年度はどこまでのスキルを身につけるか、キャリア相談者と話し合いながら決めていくこととなる。従業員意識調査の結果、キャリア形成がうまくいっていないということが判明した場合、このプロセスのどこかに問題があるため、部門ごとの傾向を見つつ、個人レベルで改善を行う。

③ 学習環境

　具体的な質問としては、「リスキリングを実施するにあたって、学習コースの選択肢の多さや、業務時間中の時間の確保など、会社としてサ

ポートがあることを認識しているか？」「会社からサポートを受けている実感があるか？」などがある。

　学習環境について評価が低い場合は、他と比較して原因がわかりやすい。そもそも時間がとれないのか、準備した教材が必要とするスキル獲得に寄与しないのか、できるだけ細分化した質問を設けることで課題が明確になる。

④実践の場の提供

　具体的な質問としては、「新しい知識を獲得し、それを実践できる場があるか？」「具体的に実践することを許容する環境があるか？」「実践できない場合はその理由は何か？」などが考えられる。

　リスキリングはインプットだけではなく、アウトプットを行うことで、はじめてスキルとして身につく。これまではOJTで実践の場を提供してきたとは思うが、リスキリングはこれまでにない仕事の実践であるため、OJTでそのスキルを獲得することは難しい。

　実際は先駆者であるメンバーと一緒になって考え、アドバイスを受けることによって、実践的な経験が身につくことになる。その場合であっても、会社としては実践の場である新規事業の提供や、同一事業の中でも新しい領域にチャレンジできる環境が準備できているか、新しい事業を実践できる人事制度も備えているのか、この結果から判断することができる。

⑤企業文化の創出

　具体的な質問としては、「何かを変革しようとする場合に抵抗を感じることはあるか？」「ある場合はなぜそう思うのか？」「新しい業務のやり方を実践しようとした場合、抵抗を感じることはあるか？」「それは自部門だけの特徴か？」「抵抗を感じる場合はその理由は何か？」などが考えられる。

　企業文化の創出は非常に難易度が高いが、経営層の号令だけで創出できる性質のものではない。常日頃、経営層が思っていた内容と、この調査に

よって判明した内容が大きく異なる場合、これは本音と建前が乖離していることにほかならない。したがって、その差を埋める改善行動については特段の注意が必要となる。文化の創出については、後述する。

⑥ リスキリングの必要性の認識

具体的な質問としては、「自身はリスキリングをしなければいけないと感じるか？」「感じないとするならば、その理由は何か？」などが考えられる。

この部分も企業文化の創出と同じように、社員が心の中で思っていることを知ることができる項目であり、リスキリングの根幹をなす部分である。いくら会社がリスキリングの環境を用意したとしても、社員自身がリスキリングの必要性を感じない限りにおいては、「笛吹けども踊らず」の

図表4-4　従業員意識調査の例

大項目	全社評価値 （100を満点）	部門評価値			
		A事業	B事業	C事業	D事業
従業員エンゲージメント	84	88	86	82	77
会社への信頼度	82	85	83	80	79
成長の実感	78	80	79	76	70
協力体制の状況	80	90	85	78	75
コミュニケーションの状況	79	83	80	77	75
イノベーションの状況	77	80	79	81	72
リーダーシップ	81	85	83	80	74
ウェルビーイング（健康・幸福・福祉）	75	78	77	72	68
会社のビジョン、戦略	86	85	86	86	85
職場環境	88	90	88	84	77
会社の文化	82	82	82	82	81
退職の予定（点数が高いほうが退職者が少ない）	86	84	84	88	82
職場の多様性	75	77	75	74	75

状態となってしまう。リスキリングはつまるところ、本人が必要性を感じなければ決して成功しない。逆に「このままではいけない」という危機感を抱くことができれば、リスキリングは半ば成功しているといえる。

　前述した従業員意識調査は、代表的なリスキリングに関わる定性評価であるが、評価には5段階程度の指標（大変良い、良い、普通、悪い、とても悪い）で行い、部門ごとの比較ができる形態とすることが望ましい。特に文化の創出については、原因を知る意味でも自由記述の内容に注目するとともに、必要ならば匿名のインタビューを外部業者に依頼して実施することも有効となる。また、退職者とつながりがある場合は、退職者からの意見を聞くなどして、原因をできるだけ具体的に明らかにしておきたい。

　なお、図表4-4に従業員意識調査の一例を記載した。こちらはリスキリングの評価だけを目的としたものではないので、それを踏まえて確認してほしい。

3

リスキリングの難所と対応例

　前節ではリスキリングの評価方法として、定量評価と定性評価について詳細を述べてきた。評価結果のそれぞれの性質に応じてリスキリングの仕組みを改善していくこととなるが、これまでKPMGがさまざまな企業にヒアリングしてきた中で、共通の課題としてあがってきたものが次の2点である。

①学習コースは用意できたが、実践の場が提供できない
②企業文化の改善がうまくいかず、依然、変化を拒む風土が残り、新しいことにチャレンジする機運が生まれない

　これらはともに難易度が高い項目であるが、それでもリスキリングに成功している会社はある。それらの会社を参考に2つの課題それぞれについて、成功している企業が具体的にどのように対応してきたのかを見ていく。

課題①「学習コースは用意できたが、実践の場が提供できない」

　本来は、会社の戦略に基づき新規のビジネス領域を開拓し、そこに人材を配置するためにリスキリングが実施されるという順序になる。実際の場面では人材教育としてのリスキリングが先行する場合もある。その際にはこのような課題に直面する。

これまで自社でやってきたことではない事業や、ビジネスモデルの構築はすぐにできるものではない。さらには企業戦略に基づき実践される事項でもあるため、ここで詳細に記載することはしないが、国内外の企業で実践された事例についていくつか紹介する。

　ここで紹介する内容はコーポレート部門にも関わるが、事業部門のリスキリングの観点を中心に記載している。

外部とのパートナーシップや共同での会社設立、スタートアップとの提携

　新しい事業を起こすとしても、自社にノウハウがないと、なかなか事業として機能させることは難しい。そこで、ノウハウをもつ企業と提携して、パートナーシップを組むという方法がある。基本的に、パートナーシップは自社で得意とする分野と相手先が得意とする分野を互いに持ち寄り、新たな付加価値を生むビジネスを起こす目的で結ばれる。

　これにより、自社がもたないノウハウを活かして新しい分野に踏み出すことが可能となる。より強固な形でビジネスとして立ち上げる意図があるならば、共同で会社を設立するという考え方もある。

　また、近年、スタートアップとの提携ということも行われており、これはスタートアップの多彩なアイデアと伝統的な企業のこれまで培ったノウハウを活かし、他社と差別化する趣旨で行われることが多い。

　このような場に自社の社員を送り、実践的な経験と新たなノウハウの獲得を目的にリスキリングを実施すれば、付加価値を生む人材を育てることが可能となる。

イノベーションラボ、デジタルラボの設立

　「イノベーションラボ」とは、言葉の意味合いのとおり、新たな製品やこれまでにないビジネスモデルなど、革新的なアイデア（イノベーション）を生み出すための研究所・施設をいう。「デジタルラボ」も同様にデジタルテクノロジーを活用したイノベーションを生み出す研究所・施設を

いう。これらは大学や既存研究所と共同で行うケースが多く、施設への人材派遣もリスキリングの実践の場として活用されている。

ハッカソンやアイデアソンの開催・参加

「ハッカソン」とは、英語のハック（Hack）、すなわち解決する、改良するという意味の単語と、マラソン（Marathon）の合成語であり、画期的なアプリケーションやシステムなど、製品の改良を競い合う大会をいう。2000年ごろから米国で言葉として使われ始め、大手テクノロジー会社を中心に開催されたことから一般に知られるようになった。

一方、アイデアソンはアイデア（Idea）とマラソン（Marathon）の合成語であり、こちらは画期的な商品企画やビジネスモデルを競い合う大会をいう。

参加すること自体が新しく、取得したスキルを実践できる場でもあるため、経験者と一緒に参加することにより、実践スキルを身につける場として活用できる。

これらは新しい製品・ビジネスモデルの開発をひと通り経験することができるという利点もあるが、他の参加者のアイデアに創発を受けるとともに、新たな社外コミュニティを形成するきっかけにもなる。

コーポレート部門においてもAI活用についてハッカソンを開催し、新しいデータ活用のあり方を検討するということも考えられる。

まずは参加するという形態でも、実践的な経験として有意義といえる。

オープンイノベーションの開催

「オープンイノベーション」は、クローズドイノベーションの対義語であり、クローズドイノベーションが社内の活動であるのに対して、オープンイノベーションはこれまで社内で獲得した知見を活かしながら、社外と連携して行われる創造活動をいう。ここで創造された製品やビジネスモデルを利用し、新たな市場を切り開く目的で行われる。

特徴としては、異なる文化や分野、業種の専門家と活動することによ

り、新たな価値が創造されるという点にある。

　こちらも他者との交流が生まれるとともに、これまで自社では未経験の領域に踏み出す場でもあるため、実践の場として有効である。産学連携により最先端技術を開発し、これを軸とした社内ベンチャーによる事業展開や、日本有数の製造業企業が他業界の企業と協働し、コーポレート部門の業務をデジタル化した事例がある。後者について具体的には、経理や人事管理などのプロセスを自動化し、業務効率を高めることに成功している。

　他にも、長い伝統をもつ金融機関とスタートアップが協業し、AIを活用した業務自動化ツールを導入することにより、膨大な書類審査業務を効率化した事例もある。

　ここまでは実践の場を提供できる方法を述べてきたが、これができたとしても、そこに人を配属させる場面において想定通りにいかないケースもある。

　この課題に対応するためにリスキリングに成功している企業が実施しているケースも紹介しておきたい。

社内インターン制度

　インターン制度とは、新入社員を採用する際に、候補者が一定期間、その会社における実際の仕事を体験し、候補者、会社の双方に当該会社との適合性を見てもらう方法だ。インターン制度は近年では一般的になりつつある。

　社内インターン制度も同様に、すでに入社している社員が他の部署に異動する前に、当該部署において実際の仕事を体験し、異動候補者、受け入れ部署の双方で適合性を判断する方法である。

　この制度は、挑戦する風土を育むという点や、異なる部署の考え方に触れることにより組織が活性化されるという点に特徴がある。また、新たな部署が新設された際に適正な人材が見つけられない場合や、硬直的な組織人事を動かす方法としても利用される。

なお、社内インターン制度では、多くの会社で応募資格を定めていることが多い。

社内FA制度

　第3章で解説した社内FA制度も有効な方法といえる。この社内FA制度と似た概念に社内公募制度があるが、社内公募制度は応募先の部署から募集をかけるのに対し、社内FA制度では応募の有無にかかわらず、社員自身が自分を売り込むことができる制度である。

　日本でも採用する会社が増えているが、次の点に特徴がある。

・基本的には本人の主体性があることが前提となる
・一定の実績をあげるなど、優秀な人材がより活躍できる場をつくる方法であるため、誰もが対象になるわけではない
・部門間の摩擦が生じる可能性がある
・既存部門から人が抜けることとなるため、ある程度の規模の会社でないと採用することが難しい
・受け入れ不可となった場合、フォローを丁寧にしないと人材流出を招く

　これらを踏まえて採用の可否を判断する必要がある。

　前述の事例に見られるように、自社に合った方法で新しい事業に挑戦できる場を提供し、同時に人材配置にも配慮することによって、リスキリングが実践できているといえる。

課題②「企業文化の改善がうまくいかず、依然、変化を拒む風土が残り、新しいことにチャレンジする機運が生まれない」

　この課題は最も難易度が高い。新しい企業文化の創出であり、リスキリングに限らず、DXを推進する場合や新たな事業に踏み出す場合のほか、

合併などにおいて会社全体の改革を行う場面において直面する課題である。

　あらためて、新しい企業文化の創出とはどのような状態のものであるか見ておきたい。

・企業文化は役員を含む全社員の行動の根幹となっているもの
・企業文化にしたがって行動することが当然であると全社員が思っており、行動にも現れている

　この2つが達成されていることが、「企業文化が創出された状態」といえる。

　企業文化の変革や創出が難しいのは、企業文化は変革に時間がかかり、相互に絡み合う要因で形成されるためである。文化の基本構成要素は「ミッション」「ビジョン」「バリュー」であるが、これは経営トップが言い続けることで創出できる性質のものではない。基本的には経営トップおよび管理職のメッセージ発信、社員の共感、メッセージの実践、これらの繰り返しで創出されるものである。

　自社の目指す企業文化の理由を丁寧に説明して、社員の共感が得られるようにすること、企業文化として発信された事項と相容れないことは決して実施しないということが重要である。

　メッセージを発信するだけでは、本音と建前が生まれやすいので、メッセージ自体を繰り返して実践することが必須である。全社員に実践してもらうための方法として、評価指標に取り入れることも有効となる。

　なお、企業文化によってそれにそぐわない人材を排除するという風潮にならないようにしないと、人材流出が止まらなくなるので、この点には留意が必要だ。

　ここからは、目指すべき企業文化の創出をうまく実現できた会社がどの

ようなことを実施してきたか、実際の事例を見ていきたい。

W社の企業文化の創出事例

W社は不特定多数の顧客に製品をインターネットで販売する販売業の会社である。自社独自の製品もあるが、基本的には他社の製品を販売している。この会社では、非常に高い顧客満足度を有しており、そこで働く社員の満足度、会社への帰属意識も非常に高い。さらに、すべての社員がいかに顧客を満足させるかということに創意工夫をしており、そのための学習意欲も高く、チャレンジ精神が旺盛である。

実際にどのようなことを実践すれば、このような社員を育て、常にチャレンジし続けるという企業文化が生まれるのであろうか?

通常、顧客に向き合う会社である場合、顧客満足度を何よりも優先し、社員については二の次になりがちである。この会社では、経営トップが「顧客に驚きを届けること」「顧客と個人的かつ感情的なつながりをもつこと」をバリューとして定義している。

このため、顧客と接点をもつカスタマーセンターには、このバリューを実現するために多大な権限委譲を行っている点に特徴がある。また、カスタマーセンターを顧客の苦情を処理する部署とは位置づけず、顧客との接点をもつブランディングを発信する部署と位置づけている。

これにより社員は、「当社は販売業ではなく、サービス業である」ととらえ、バリューを実現するためにあらゆる創意工夫を実践している。時には「そこまで顧客にサービスをしたら利益が出ない」と思われるようなことも実践する。それがとがめられるわけではなく、会社のバリューを実践した好例として受け取られており、企業として賞賛し、評価や報酬にも反映させている。

一見、企業として成り立たないように思えるが、それは短期的な視点のものの考え方ととらえているからだ。すなわち、この企業にとっては、顧客を満足させることはブランディングが成功したこととととらえており、長期で見れば、顧客となる種を蒔いたと考えている。実際、この会社の顧客

リピート率、顧客のロイヤルティは非常に高い。さらに社員はバリュー実現のため、常日頃から学習し、実践し、バリュー実現によいと思われる行動は社員間で共有され、表彰されている。

社員の達成感、会社へのエンゲージメントは非常に高く、離職率は驚くほど低い。給与を超えた働く意義を社員は強くもっており、この会社で働くこと自体を誇りに思っている。

まさしく、経営トップによるメッセージの発信、社員の共感、メッセージの実践の繰り返しを行い、企業文化を定着させているといえる。同時にトップメッセージを実現するための社員の創意工夫、探究心の向上が染みついており、大きな組織で皆が同じ方向、価値観で業務を遂行している事例といえよう。

同様の事例は他のサービス企業でも見ることができる。ある企業では、最高の顧客サービスを提供するには、まずは社員が働きやすい環境にいるべきと考え、従業員エクスペリエンスを重視している。そのために社員の福利厚生を充実させるとともに、これまで雑然としていた社員の控え室（バックヤード）を改善し、最高のサービスを提供するための環境を整えた。その結果、社員の満足度が格段に向上し、顧客満足度も大幅に向上した。この会社でも社員が顧客の要望をかなえるために多大な裁量権を与えており、社員は自分の創意工夫により、顧客満足度を高める行動をとっている。

企業文化は最終的に全社員の行動の根幹となっているものである。ここで紹介した事例のように、従業員エクスペリエンスを向上させることを通じて、従業員の行動変革を起こしているといえよう。

第4章のまとめ

● 本章では、企業が築いたリスキリングの仕組みが、当初の想定通り

に機能しているか確認する手段として、定量評価および定性評価の手法や対応方法について解説した。また、多くの企業で課題となる実践の場の提供と企業文化の創出については、他社の事例を用いて具体的に見てきた。

● リスキリングの仕組みは一度築き上げればそれで終わりということではなく、有効性を確認しながら、修正・調整していくことが重要となる。

第5章

リスキリングの
実践事例と処方箋

事例1　テクノロジー関連A社

　ここまでリスキリングの仕組みについて解説してきた。本章では、まず、リスキリングを実践している会社の事例を紹介する。

A社の状況

　テクノロジー関連企業であるA社は、主にハードウェアと関連機器を販売する事業を主軸としている。近年、同業他社との競争が激しく、差別化も難しい市場で売上が頭打ちの状態となっていた。また、業界全体もクラウドベースに移行する傾向があることから、これまで関係をもってきた顧客に対して、引き続きハードウェアおよび関連機器を販売することも難しくなってきていた。

　そこでA社では、業態をクラウド関連のサービス提供、クラウド製品の開発へとシフトする戦略をとることを決定した。

　新しい業態はこれまで経験のない領域であるため、新しい人材の採用とともに、既存社員のリスキリングで新しい業態をスタートさせることとした。

戦略策定

　新しい業態は従来とはまったく異なるビジネスモデルとなるため、新し

バリューチェーンと価値創造（一部例示）

	購買	開発・製品化	配送	販売マーケティング	サービス
付加価値	複数の業者との関係構築 当社の要望に即座に対応できる業者を確保	自社工場による製造 多品種製品への対応 新製品への迅速な対応	自社配送と他社配送の得意領域による使い分け 翌日配送	AIによる利用者に応じたデジタル広告 BtoCの販売ルートを確保	手厚いアフターフォロー 高いリピート率
KPI	基準を満たした取引業者の数	製品数 年間製品上市数	配送コスト比率 翌日配送達成率	直接販売比率	顧客リピート率

いビジネスモデルのバリューチェーン（価値連鎖）を描き、A社としてどの機能で、どのような付加価値を創造するかを明確化した。バリューチェーンとは、企業の諸活動が最終的な付加価値にどのように寄与しているかを質および量の両面から明らかにする方法をいう。このバリューチェーンをもとに、どこで他社と差別化できるかを議論し、機能ごとに価値創造のマップと、KPI（達成を図るための成果目標）を作成した（図表5-1）。

スキルの可視化

　各機能を担う組織では、付加価値を創造するために必要なスキルを定義し、求められる人材像を明確化した。

　A社ではすでに、各個人のスキルを明確化するツールを開発していた。これは個人カルテ（図表5-2、図表5-3）と呼ばれ、社員全員のスキルを可視化できるようにしたもので、次の特徴をもっている。

・自身が獲得しているスキルを自己申告で記載するが、最低年に2回、

図表 5-2　個人カルテ——概念図

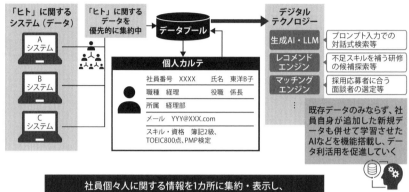

キャリア相談者と面談し、キャリアプランについて話し合うとともに、自身が獲得しているスキルについて確認し合う場を設けている。

・個人カルテに記載した情報は人事情報でもあるため、秘匿性に応じて部門内、部門長、人事部門、全社員など職制ごとにアクセスできる情報に制限をかけている。

・個人カルテには興味がある事項を記載する項目があり、その内容に応じて、特定テーマのコミュニティに「つながり申請」ができる。コミュニティにつながった社員はテーマに関する知識を深める活動に参加したり、プライベートの活動（バーベキュー、日帰りツアー等）にも参加したりして、メンバー間で親睦を深めている。

・新規事業の仕事は社内公募制度をとっている。社内公募制度では、希望する社員は所属部門長の承認なく応募でき、新規事業の部長と面談し、適正性を判断する。最終的に適正性が判断されれば、社員の所属部門長は追認するが、原則として拒否はできない制度となっている。

・公募をかける場合は個人カルテのツールに公募情報として必要な人材像をジョブディスクリプションの形式で登録する。それをもとに個人カルテのツールに登録されている人材の中から合致する社員をリストアップ

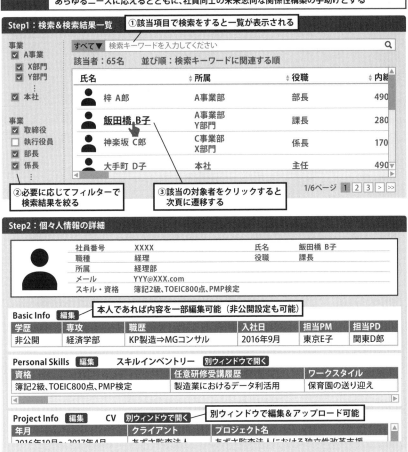

図表 5-3 個人カルテ——検索画面

している社員も潜在的な候補者としてリストアップすることが可能となっている。

当該公募をしている事業に興味があり、将来は応募することを視野に入れている場合は、ジョブディスクリプションを参考にキャリアプランを更

新し、不足している能力を明確にすることができる。これによって新しいスキルを獲得するためにはどのようなことをしなければならないのかが明確化される。

学習制度の整備

A社では、外部の複数のトレーニングコース開発会社と提携し、社員が必要な能力をオンラインで学習できる豊富なコンテンツを用意している。また、興味のある分野や社員のスキルレベルに応じて、学習コースを推奨する機能がある。将来的にはこのトレーニングコース開発会社の学習コースと自社で開発した個人カルテのツールを連動させ、キャリアプランに沿った学習推奨機能を具備することを計画している。

また、外部の学習コースだけではなく、社内で実施した学習コースをeラーニングとして内部の学習プラットフォームに登録し、ここから社員はいつでも自分の都合のよいタイミングで学習できる環境を整備している。なお、A社では年間学習時間を義務化しており、年間で必要な時間数に満たない場合は、人事考課の減点対象としている。

さらに、A社では社内インターン制度を設けている。これは、希望者を希望先の部署へ一定期間配属させたうえで、応募者、受け入れ先の事業部双方のお試し期間として業務を遂行し、実際の配属転向の可否を判断できる制度である。

企業文化の創出

A社では、常日頃から経営層が企業ミッションを端的な言葉で伝えている。たとえば、年初計画の発表や社内での全体会など、経営トップが講演する場合は必ず、この企業ミッションをメッセージとして入れている。

A社に限らず、他の会社ではたとえば、"よりよい未来を一緒につくる"や"挑戦をし続ける"という短いメッセージで端的に伝えている会社を目にすることも多い。他にもA社では会議室のドアに企業メッセージを掲げるなど、会社のミッションが常に社員の目に触れるようにしている。さらにA社では年度末に、最もミッションに合致した活動をした部門やチームにCEO賞やCFO賞とボーナスを付与し、全社員の前で表彰し、そのメンバーたちの人事考課にも反映される。社員は常にミッションの実現を重視している。

　このように、社員には企業ミッションの実現が体に染みついており、企業文化となっている。A社の場合、評価への反映や学習単位の義務化など、リスキリングへ向かわせるために義務化している部分はあるが、基本的に社員の自主性に任せてリスキリングを進めている。

　A社の特筆すべき特徴は企業文化の創出であり、トップメッセージの発信とそのミッションの体現を繰り返すことにより、文化として根づいていることだ。このため、社員のミッション実現意欲が高く、その実現のためにスキルを身につける習慣がある。また、職位によって特定の情報については一定の制限があるとはいえ、基本的に全社員のスキル情報にアクセスできる環境を備えており、人事の囲い込みができないようにしている。これらの施策により、現存社員のスキルを最大限活用できる環境を整えているといえる。

　企業文化の浸透とそれを後押しする開かれた人事制度が、他社との差別化、価値創造、企業全体の収益性向上に寄与している。

事例 2　情報・テクノロジー B 社

B 社の状況

　B 社は情報・テクノロジー分野を中心に展開する持ち株会社で、多くの事業を抱え、100 社以上の子会社をもつ。企業のポリシーを「現状を疑え」としており、常に新しい分野へと踏み出し続けている。このグループの子会社の社長は基本的に社内ベンチャーから育ったチームリーダーが担い、次世代のリーダーといわれる人物を多く輩出している。

企業文化

　B 社の組織長の評価には、どれだけイノベーションを起こしたかということが組み込まれており、社内ベンチャーを生み出すほど、評価される仕組みとなっている。社内ベンチャーとして独立したメンバーは当然、従前の組織から離れることとなるため、優秀なメンバーほど自部門の組織からいなくなるということになる。

　一方で、組織全体の風土として、いかにイノベーションを起こすかということにこだわっており、チームの一体感は強い。また、社内ベンチャーから最終的には子会社として独立し、一国一城の主となるため、社員の創意工夫や事業化への意欲も非常に高い。

　B 社としても、生み出した事業が軌道に乗るまでサポートする体制も整

えている。総じて会社全体として新しいことにチャレンジする意識が高く、それを後押しする体制も敷いている。

学習環境の提供

B社では、社員の学習意欲をサポートする施策の一環として、eラーニングを提供する外部の会社と提携し、各種学習コースを用意している。また、ワークショップと呼ばれる参加型の研修も用意している。ワークショップでは参加者の中でプレゼンテーション、討議の進行などの役割を担う。これにより、参加がより積極的になるとともに、インプットのみでなく、アウトプットも同時にできるため、理解が促進される。また他の部署からの参加者とのネットワークが生まれるという利点もある。

実践場面の提供

B社では新規事業の開始にあたり、社内コンテストが行われる。毎年数百件の応募があり、このコンテストを通過すると新規事業の種（シード）として正式な予算がつく。

この審査も段階があり、1次、2次、3次と基準を設け、それぞれの基準を通過するごとに予算が増額される。3次審査通過後は社内ベンチャーとして認定され、実際の事業性が判断される。新規事業の審査基準は多くあるが、主として、新規性や収益性のほか、自社の企業理念に合致するか、社会的に意義があり自社のブランド価値を向上させるものか、などがある。

また、特徴的な点としては、社内ベンチャーを継続するか、撤退するか審査する制度がある。利益が出ていればよいというスタンスではなく、資本効率や社会性などを踏まえた撤退基準を設定し、それに基づいて撤退判

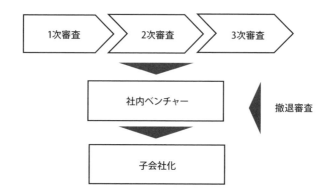

図表5-4　審査制度

断をしている。一般的に新しい事業は撤退判断が非常に難しいため、一定の基準を設けて判断するという取り組みは他社ではあまり見られない。

　一方で、社内ベンチャーとして相応の規模の事業が見込める場合は、子会社化して独立させ、メリハリをつけている（図表5-4）。

実践場面への人員配置

　実践場面の提供という面では、基本的には新規事業を起こそうとするリーダーが中心となって、全国の社内のメンバーに応募を呼び掛けることができる。また、社内ベンチャーとして認定された事業に対しては社内インターン制度もとることができる。この社内インターンに応募できるメンバーには次のような一定の条件をつけている。

・3年以上同一部署に所属しており、前年および前年の人事評価が基準以上である社員
・インターン期間は1年間のみ
・応募者は対象業務について未経験でもよいが、必ず応募部門に関わる専門分野をもっている

最後の点を少しくわしく説明すると、対象部門が金融業界に対して、サイバーセキュリティのサービスを展開するという業態に踏み出すケースを例にあげる。この場合、部門の人員募集にあたり、応募者は金融業界に知見があるか、サイバーセキュリティに知見があるか、どちらかの専門分野をもつことを必要とするという条件である。応募者は金融業界の経験があり、サイバーセキュリティを学習したが、実践としては未経験であった場合、サイバーセキュリティの分野でしばらくは活躍できなくとも、金融業界の知見で活躍できるようにしている。応募者本人にとって、新しい分野で仕事を進める際には、これまでのように活躍できないというフラストレーションがたまりがちになるが、少なくとも金融業界の知見で会社への貢献ができるため、新しい分野にも踏み出しやすい。

　このような形で未経験の分野でも知見を蓄え、スキルとして身につけることを可能としている。

　B社では他にも出向制度があり、社内公募制度により他社への出向を可能としている。出向の間もB社の学習制度を利用できるため、出向先で学習というインプットをしたうえで、実務での適用ができる環境を用意している。

メンタリングとキャリア相談

　B社ではメンタリング制度を採用している。メンタリング制度とは、個人的な対話を通じて新入社員などの下位職の相談者（メンティ）を精神的にサポートする制度をいう。被相談者すなわち相談される側はメンターと呼ばれ、通常は直接の上司以外で、異なる部署の上位職の社員が担当する。基本的な趣旨は中長期のキャリア相談や仕事上の悩みなど、直接の上司には相談しにくい事項も相談できるようにして、メンティをサポートすることになる。

B社ではすべての社員に直接の上司以外のメンターを割り当て、キャリア形成の相談ができる制度としている。具体的には年1度は最低実施するルールのもと、通常は3カ月に1回程度の割合でメンタリングを実施している。メンタリング実施時には本人のキャリアパスの希望を踏まえ、年度末時点の目指すべき人材像を定める。そのうえで、現状のスキルとのギャップをどのような形で埋めていくのか、メンティと相談のうえで合意する。このメンタリングの実施結果は人事部門へ送付されている。

　B社では基本的にキャリア形成は社員の自主性に任せているため、メンターは先輩としての経験を踏まえてアドバイスはするが、どのようなスキルを身につけ、キャリアを形成するかはメンティ自身の自主性に任せている。

　なお、第3章で言及したHRBP（ヒューマンリソースビジネスパートナー）は部門組織全体の戦略と人事戦略を結びつける役割を担うのに対して、メンターは個人のスキルや成長を促進する役割を果たす。ただし、部門組織全体の戦略を検討するに際して、HRBPが個人の相談役となり、メンターを兼ねている場合もある。

　以上のように、B社ではイノベーションを是とする企業文化のもと、社員の挑戦意欲が高く、常に学び続ける意識が強い。また、社員のキャリア形成を自主性に任せつつ、それを側面サポートするメンター制度を整え、自分自身のキャリアは自分でつくることを徹底している。これらに加えて、新たに身につけた知識を実践できる場が豊富にあり、人材配置も機動的かつ積極的に行う体制を築き上げている。このため、教育制度も有効に活用され、多くの「リスキリングされた」人材が育っている。

3

リスキリングの処方箋

　ここでは、リスキリングに関して日本企業からよく聞かれる代表的な質問と回答を記載した。

　これまで記載した内容も振り返りながら、内容を確認してほしい。

> **集合研修には積極的だが自己研鑽のためにオンライン研修を用意しても参加が進まないのはなぜか?**

　集合研修は一般的に物理的な会場で直接顔を合わせ、多人数で決められた日時に実施される形態をとることが多い。一方、オンライン研修は、文字通りインターネットを介して好きな時間帯に好きなタイミングで個別に実施される形態をとる。それぞれの形態の特徴から、集合研修に参加している間は内容に集中できるが、オンライン研修は自発的な部分に依存することが多いため、内容への集中を保ちにくい。

　また、集合研修は就業時間内に時間を割くことができ、また研修のスケジュールを優先することができる。一方で、オンライン研修の場合はいつでも参加できるがゆえに、参加の優先順位が後回しになる傾向がある。

　さらに、オンライン研修では選択肢が多すぎて何を選択すべきか判断が難しいことが多いが、集合研修はターゲットを明確にして参加を募るので、自分に必要か否かの判断がしやすい。

　特にワークショップ形式の集合研修では質問がしやすく、お互いの意見を交換することによる習熟事項のアウトプットや、参加者同士の意見交換によって新たなアイデアが生まれることが期待できるが、オンライン研修

では難しい。

こうしたオンライン研修の限界が認識されると参加に消極的になる傾向がある。これがオンライン研修の参加が進まない理由ともなっている。

集合研修は、アウトプットの場もつくることができ、参加者間の交流・意見交換ができるというメリットが強調されることがあるが、オンライン研修は個人の現スキルに合わせた選択ができ、インプットを中心とした学習に適しているというメリットもある。それぞれのメリットを活かした取り組みを組み合わせて導入することが望ましい。

> これまでの日本の企業では、配置転換などでまったく異なる部署でまったく異なる職務に就くことがあった。このため、新たな職務を習得する必要があるという点で、これまでもリスキリングに取り組んできたと思われる。なぜ、あらためてリスキリングという言葉が使われ、注目されるようになったのか？

これまでの配置転換は、配置される本人にとっては新しい職務であっても、企業にとってはこれまでも存在した職務であるため、OJTという形でベテランから学ぶことができた。一方でリスキリングは、他社と差別化をするためにまったく新しい製品あるいはビジネスモデルを築くことを目的としているため、これを遂行するために必要な人材もノウハウも企業内にないことが多い。

すなわち、個人にとっても企業にとっても新しい職務であり、OJTで学ぶことが難しい性質のものである。したがって、これまでの配置転換とは異なり、新しい教育方法の仕組み、すなわちリスキリングが注目されるようになった。

また、リスキリングは非連続のスキル獲得プロセスでもある。これまでの業務の延長線上にあるスキルを一段高めることを意味するアップスキルとは異なる。

加えて、リスキリングが必要とされた背景にはDXがある。DXにはデ

ジタルテクノロジーを利用して新しい製品やビジネスモデルを生み出し、他社と差別化を図るという意味合いがある。他社と差別化を図るためには、これまでとはまったく異なるスキルを獲得する必要があるという意味で、DXの言葉と併せて注目されるようになった。

> **管理職に部下育成を真剣かつ継続的に取り組ませるやり方はないか？**

　管理職が本格的に部下育成に取り組むようにするためには、リスキリングが達成されたあとの組織像を目標として設定し、それを遂行・達成することを使命とする方法を検討すべきだ。将来像として自身が所属する組織がどのような状態を目指すべきであるか、段階的なステップを定義し、その状態を目標として設定することにより、部下の育成成果に焦点が当たり、必然的に取り組みが真剣かつ継続的になる。

　リスキリングはあくまで手段であるため、リスキリング自体を直接の目標として設定することはせず、リスキリングを実施することによって達成される状態を目標としたほうが、達成が確実かつ明確になる。

> **リスキリングについて、会社でひと通りの環境を整備したが、それでもなかなか取り組もうとしない社員が一定数いる。どのように対応すべきか？**

　リスキリングの実施自体を評価に取り入れるなど、やや強制力をともなう方法もあるが、この方法では形式上の学習時間が増えるのみで、リスキリングの効果は期待できない。リスキリングをプロセスとしてとらえると、その過程に焦点が当たるが、リスキリングは実践されてはじめて効果が表れる。このため、本人の学習意欲がない場合は、いくら強制的に実施される方法をとったとしても効果は限定的となる。

　本人の意欲や自発的に取り組む姿勢を醸成することが最も有効ではある

が、そのためには本人がリスキリングの必要性を認識しない限りは難しい。

なお、リスキリングに真剣に取り組み、新しいスキルを身につけた社員は、「危機感を覚えた」経験がある場合が多い。具体的には、このまま続けても、いずれ今の仕事がなくなってしまうという危機感に直面した経験、これまで自分は優秀だと思っていたが、社内プロジェクトに参画したところ、まったく活躍できなかった経験などがある。

このような危機感をもつ経験はすべての社員ができるというわけではないが、危機感をもつ経験というのは、リスキリングに真剣に向き合うよい機会となる。

これ以外にも、従業員エクスペリエンスを向上させる方法をとることも有効である。従業員エクスペリエンスを向上させることは、会社へのエンゲージメント向上につながり、これを通じてよりよい会社への変革、課題を自分事としてとらえる意識が生まれ、社員のスキル向上への意欲を高めることができる。

なお、マインドセットの改革は第3章でくわしく述べているので、あらためて本書を見返していただきたい。

日本企業のリスキリングを阻む労働慣行や法制度を考慮すると、日本版リスキリング自体を実施する意義はあるのか？

これまで、日本企業で働く社員の多くは、メンバーシップ型のキャリアを前提として会社に入り、入社した会社で自身のキャリアを形成することを当然と考えていた。これにより、キャリア育成自体は会社にほぼ任せており、自分自身で積極的にキャリア形成をするという考え方は欠如してしまう傾向があった。これらは長期雇用を前提としているため、そのこと自体が新しいスキルを習得するという意欲を抑制する一因となることがある。

このため社員は、自身の明確な意思で「どのようなキャリアを目指すべ

きであるか？」というリスキリングの前提となるキャリア像をもっていないことが多い。そこでまずは自分のキャリアを自分自身で築くという考えをもち、その前提で将来のキャリア像を描かなければならない。

リスキリングを実施するにあたり、重要となる点は、本人が自発的に取り組むという姿勢であり、強制的に実施して新しいスキルが身につくわけではない。そのための第一歩として自分自身でキャリア像を描くことが必要となる。

他にも労務に関する物理的な制約として、労働基準法に定められた労働時間の中で、リスキリングのための時間を確保することがある。リスキリングは会社主導で実施するものであるため、限られた就業時間内にリスキリングの時間を確保することは会社の責任で実施しなければならない。

リスキリングの目的は、生き残りを目指した企業自体の変革であり、それを達成する役割を担う人材を育てることである。特に主要事業が成熟した市場となっている会社は、売上や利益、資産効率が頭打ち状態になっている場合が多く、リスキリングは必須となる。前述の労働慣行や労働規制の課題はあるが、会社が生き残っていくためにはリスキリングを実施する重要性は非常に高い。

> **会社がリスキリングに投資して社員を育てても、新たなスキルを身につけた社員が結局、転職してしまうのではないか？**

リスキリングはインプットだけの作業ではなく、アウトプットをともなわないとスキルとして身につくことはない。リスキリングの仕組みとして新しい知識のインプットだけの環境を用意したとしても、アウトプットとしての実践の場が提供できなければ、社員が新たに学んだ知識は定着しない。

優秀な社員ほど、新しく学んだ知識を実践で試してみたいと思う傾向にある。第2章でも述べたように会社や部門が目指す姿を達成するために不足スキルを身につけたのであるから、目指す姿を実践する場を提供するこ

と、すなわち会社や部門が新しく始めようとしていた事業そのものを当初計画にしたがって推し進めていくことが必要である。

このように、新しいことに挑戦できる環境の提供は、当初描いた会社および部門の戦略実践であるとともに、社員のモチベーション向上にも大いに貢献する場でもあるので、同時に進めていくことが必須である。

この実践の場の提供は会社が成長できるかどうかのキーポイントともなる。さらには、リスキリングした人員の処遇についても、マーケットと比較して劣後しない仕組みにしないと、新しい知識を学習した社員が会社を離れるきっかけとなる。すなわち、リスキリングが直接転職に結びつくわけではなく、実践の場の提供やスキルに合わせた評価の仕組みを同時に備えなければ、従業員のエンゲージメントは上がらず、転職に結びつく可能性がある。

　日本企業では、リスキリングの一環として社員を教育しても、その知識を活用する機会を提供できないことが多い。また、機会を提供できたとしても、配属が非常に困難な場合がある。これではせっかく教育できたとしても習熟度が上がらず、教育の効果が半減してしまう。これらの課題にはどのように対処すべきか？

リスキリングにともなう仕事の機会の提供は、これまでにない事業の実践の場を設けることであり、新規ビジネスの開始と当該事業を担う部署への人員配置によって可能となる。日本企業でこれを実践できている会社は非常に少ない。また、新規事業の実践の場を提供できたとしても、なかなか人材が集まらないということもある。

実践の場を提供できない原因は以下のようなものが考えられる。

原因①　そもそも新規ビジネスに踏み出すことをしていない
　　　→（**対処法A**）経営層による新規事業の立ち上げ、または既存事業の大幅な改革を実施する。

原因② **現状維持の組織調和が、新規事業の採用によって崩されることを
周囲の社員が極端に嫌う**

→（**対処法B**）失敗をマイナスとして評価しない仕組みや現状維
持をマイナス評価とし、挑戦すること自体を評価する文化を創出
する。

また、人員配置ができない原因としては、「**部門長が優秀な人材を抱え
込み、部門外へ放出することを嫌う**」ことなどがあげられる。

対処法としては、「**公募の仕組み等、既存組織にしばられない配属方法
を採用する**」（**対処法C**）などが必要となる。

対処法Aについては、本書の本題からは離れるが、「成熟産業が多い
中、いかに同業他社と差別化をして競争優位を獲得するか？」という点で
DXのテーマとして語られることが多い。くわしくは第4章第3節で実践
場面の提供事例として解説している。

対処法Bについては、人事評価の仕組みに関わる点であるが、日本企業
では協調性が重んじられる文化もあって、「これまでと違うことをすると
調和が崩れてしまう」と思い、新しいことに挑戦することを避けてしまう
傾向がある。この点について、個人の目標設定時に挑戦的な目標を取り入
れることもひとつの方法ではあるが、人事評価の方法が形骸化しているこ
とも多い。

まずは目標と成果を連動させることや、定量的に評価する仕組みなど、
目標管理の仕組みが適正な基準にしたがって行われていることを確認する
ことが必要だ。そのうえで、当該基準に沿って、公正に評価する。一方
で、人事評価と切り離した挑戦的な目標を設定するという方法もある。人
事評価と人事評価外の方法を適切に組み合わせることで、挑戦する文化を
根づかせることができる。

また、対処法Cで記載している「公募」とは、所属部門長の承認は不要
とし、本人が望む場合は移籍先の部門長との面談を経て、部門異動を可能
とする制度をいう。この公募制度は多くの会社で採用され始めている。公

募制度では、部門異動が決定するまでは所属部門長の承認を必要としないため、基本的に人材の囲い込みを防ぐことができる。また、魅力のない部署からは人が離れていくため、部門長は組織の魅力づくりも考慮する必要があり、組織の活性化をうながすことにもなる。

　こちらについても第4章第3節でさまざまな方法を事例で紹介しているので、参照してほしい。

> 　リスキリングを実施するためにはジョブ型の人事制度に移行する必要があるのか？　自社の状況を考えるととてもジョブ型人事制度に移行できそうもない。

　ジョブ型人事制度とは仕事の内容、役割・責任がジョブディスクリプションという形で詳細に定義される。ジョブ型人事制度のもとでは、採用、報酬はジョブディスクリプションに合致・達成するかどうかで決まる。

　また、事業見直しなどでジョブディスクリプションに記載された仕事そのものがなくなった場合は解職となる。ジョブディスクリプションに基づく人事制度は欧米の会社でよく利用されている方法でもある。

　これに対をなす概念としてメンバーシップ型人事制度があげられる。これは仕事ではなく、会社に所属するという考え方であり、採用時は職種や勤務地などは指定せず、新卒一括採用という形態をとる。すなわち「会社に所属＝会社のメンバーになる」という人事制度をいう。報酬は会社への所属期間、すなわち年功序列となり、日本企業で多く採用されている。

　ジョブディスクリプションで定義されている人材像、評価の方法や報酬があれば、ジョブ型人事制度のほうが望ましい形態である。しかし、必ずしもジョブ型の人事制度に移行する必要はない。

　実際は、人事制度自体はメンバーシップ型の枠組みを残しておき、新しい事業や事業領域の拡大場面で必要となる人材像をジョブディスクリプションで明確にし、評価もこれに基づいて実施することが現実的な方法

だ。この場合、これまでメンバーシップ型の人事制度に慣れ親しんできた社員には次の点で、適応することが難しいと感じる場合がある。

・チーム全体で目標に向かって協力する体制に慣れているため、必要な情報の取得の仕方やコミュニケーションの方法が変わる可能性がある。
・チーム全体の成果や協力は依然として重要であるが、個々の業務や成果が重視されることになり、評価基準がこれまでとは異なる。
・自身の具体的な役割と責任が明確となる。

これらを踏まえたうえで、一部、ジョブ型を採り入れる前述のような方法が現実策としては採用しやすい。

必ずしもジョブ型に完全移行する必要はない。

> リスキリングが必要と感じるためには高い目標設定が必要だが、個人の目標設定を高くすると達成できないことをおそれて、妥当な目標設定とすることが多い。評価の仕組みをうまく利用してリスキリングに必要な変革マインドを起こさせるためにはどのようにしたらよいか?

目標設定は、年度の評価と紐づいて行われることが多い。年度はじめの目標設定時において、経営側として社員には高い目標設定をしてほしい。

一方で、社員にとっては挑戦的な目標設定は達成できない場合に人事評価が悪化することをおそれて、達成可能な範囲の目標を設定しがちである。

ここで挑戦的な目標を設定するひとつの方法としてOKRという方法を紹介しておきたい。OKRとはObjectives and Key Resultsのそれぞれの頭文字をとったもので、適切な日本語訳はないが、そのまま訳すと、目標と主要な結果となる。

OKRのObjectivesは定性的な目標であり、目指すべき方向性を意味す

る。一方、Key Resultsは、Objectivesを達成するための定量的な目標を意味する。OKR自体は適切な目標を設定し、より高い目標を達成する仕組みである。特徴は以下の通りである。

①人事評価とは切り離していること
②高い目標値を設定し、その60％程度の達成を目指す
③目標値は頻繁に見直しをかける

まず、OKRは人事評価と結びついていないため、挑戦的な高い目標設定が可能となる。また、軌道修正のための目標値の見直しも頻繁に行われるため、コミュニケーションが活性化され、組織にチャレンジ精神が生まれやすいというメリットがある。一方で、頻繁な見直しによって、多くの工数がとられることがデメリットとしてあげられる。

OKRは比較的新しい管理手法であるが、特徴を踏まえ、他の管理手法と組み合わせて実施することが望ましい。

図表5-5にKGI、KPI、KSF、OKRの関係を示した。

KGIはKey Goal Indicatorの略で、数値で表した最終的なゴールを表す。KPIはKey Performance Indicatorの略で、KGIの構成要素となる目

図表 5-5　KGI、KPI、KSF、OKR

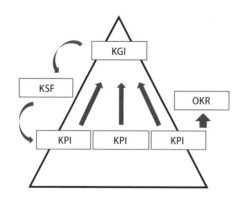

KGI：Key Goal Indicator
KPI：Key Performance Indicator
KSF：Key Success Factor
OKR：Objectives and Key Results

標数値である。KSFはKey Success FactorでKGI達成のための成功要因となる事項であり、定性的な目標として決定され、これをもとにKPIが設定される。

なお、KGIは設定せず、KPIのひとつとして設定される場合もある。

KGIおよびKPIは通常、結果指標として設定される。また、KPIは全体の目標を達成するための構成要素となることもあり、その場合はプロセス指標となることもある。いずれにせよ、これらは達成しなければならない目標となる。

一方、OKRで設定される数値目標のKey Resultsは、KPIよりも高い数値となることが通常であり、この数値自体は達成できることが望ましいが、必須となるものではない。

このOKRの考え方は、高い目標を達成するための方法として欧米を中心に多くの企業で採用されており、リスキリングに必要な変革マインドを起こすことができるひとつの方法である。

> **リスキリングを実施したが、メンバーシップ型の人事制度を導入している当社では、配置と処遇を連動させることが難しい。それでも配置と処遇を連動すべきか？**

メンバーシップ型の人事制度を採用している場合であっても、新しい業務内容とそれを実施する人材像を定義し、リスキリングを実施した人材を配置していくこととなる。この場合、配置した人材の処遇を従前のメンバーシップ型のままとするのか、配置した仕事に合わせるのかが問題となる。

結論としては、配置した仕事に合わせて処遇も変えるべきである。理由として当該業務を遂行できる人員はマーケットにおいても同様のポジションを得ることが可能であるため、メンバーシップ型の処遇のままであると、当該人材は外のマーケットに向かう。すなわち離職のリスクが非常に高くなる。会社として当該業務を遂行できるまで投資したにもかかわら

ず、習熟度が高くなった段階で離職されることは望ましくない。処遇の体系を変えることは場合によっては労使交渉が必要となる場合もあるが、配置と処遇が連動しないリスクのほうがはるかに大きくなる。

　したがって、配置と処遇は求められるスキルに対応したものとすべきだ。

おわりに

　「リスキリング」という言葉が世間一般でバズワードのように使われ始めている。ただ、この言葉の実行主体のとらえ方はさまざまで、個人のスキルの問題なので「個人が主体となって努力すべき」という意見と、会社の重要な資産である人材の価値向上であるので、「会社が主体となって努力すべき」という意見がある。本書では後者の意見に立って、会社の仕組みとしてリスキリングが達成できるようにすべきとしている。

　つい先頃までは「DX」という言葉がもてはやされ、多くの会社でDXが推進されてきた。ここであらためてDXの意味を考えると、「まったく新しい製品、技術、ビジネスモデルを、デジタルテクノロジーを使って創出し、他社と差別化をする」ということである。実際には小手先のデジタル化だけに終わって、他社と差別化するところまでに至っていないことが多い。

　この原因として考えられることは、既存の業務や製品の延長線上で検討を行ってしまっているからではないだろうか？　他社との差別化を成し遂げるためには、人材のスキルについても、これまでの延長線上のものでは対応ができない。まったく新しいことがらを生み出すためには人材自体がリスキリングされており、そのうえで多様なバックグラウンドをもつ者との意見交換が必要である。

　本書ではこのような立場から、会社が主体となってリスキリングを仕組みとして構築し、会社を存続させ、さらには他社との差別化を図る必須手段と位置づけて解説した。

　とはいえ、リスキリングは従業員に直接働きかけて、すぐに達成できるものではない。まずは比較的取り組みやすいコーポレート部門から着手す

ることを推奨した。

　それでもリスキリングの成功のカギは本人がもつ「リスキリングに対する取り組み姿勢」、本書では「危機感をもつ」というトーンで記載したが、ここに尽きることになる。この「危機感をもつ」ために、会社として変革を是とする企業文化を創出する。そのうえで知識実践の場を提供し、地に足がついた新しいスキルの獲得ができる仕組みを構築しなければならない。

　本書では、これらの仕組みをできるだけ具体的にイメージできるように、多くの実例を交えて解説した。

　また、リスキリングの仕組みは一度構築すればそれで終わりということは決してない。有効であり続けるためには、常に見直しをかけていくことを心掛けていただきたい。

　バブル崩壊後、日本の経済は「失われた数十年」と言われ続け、ついにはGDP（国内総生産）もドイツに抜かれ、世界で第4位となってしまった。

　もし読者の会社が右肩上がりの経済を前提とした企業体質であるならば、今こそ、付加価値を生み出す体制へと変革を遂げる必要がある。そのためにも企業の重要な「人財」をリスキリングし、日本の経済を牽引する企業が少しでも多く出てくることを、切に願うばかりである。

　最後に本書の刊行にあたっては、株式会社東洋経済新報社の黒坂浩一氏に企画段階から関与いただき、さまざまなアドバイスをいただいた。この場を借りて深く御礼を申し上げたい。

2024年5月

KPMGコンサルティング

執行役員 パートナー　後藤友彰

執行役員 パートナー　山田和延

後藤友彰　Tomoaki Goto
KPMGコンサルティング
コーポレートサービス ビジネスユニット長
執行役員／パートナー

大手電機メーカー経理財務での実務経験の後、外資系コンサルティングファームおよび現職で20年以上のコンサルティングを経験。Finance Strategy & Transformation（経理財務コンサルティング）およびPeople & Change（人事コンサルティング）を統括するコーポレートサービス ビジネスユニットの責任者。専門領域はコーポレート機能の変革ビジョン策定、経営管理体系の構築、管理部門システム構築、シェアードサービスおよびアウトソーシングの企画〜導入等多数。クロスボーダー案件の経験も多く、KPMGグローバルネットワークを活用したサービス提供に強みをもつ。共著書に『デジタル・ファイナンス革命』(東洋経済新報社)、『プロジェクト現場から見た内部統制』『IFRS時代の会計イノベーション』（以上、日経BP）、共訳書に『企業情報の開示』（東洋経済新報社）等がある。セミナー講演・寄稿多数。

【著者略歴】

山田和延 Kazunobu Yamada（第4章、第5章担当、および全章にわたり編集）
KPMGコンサルティング
社内デジタル推進室室長／Finance & Accounting部門長／Finance Strategy & Transformation所属
執行役員／パートナー／公認会計士

東京工業大学工学部電子物理工学科卒業。一般事業会社、大手コンサルティング会社を経て2014年にKPMGコンサルティング入社。IFRS導入、決算早期化、SSC導入、制度連結・管理連結構想策定、組織再編、内部統制支援、予算策定支援、各種規定整備等、経理領域、経営企画領域を中心に、プロセス改善・システム導入のコンサルティングを実施。対象業界は主として消費財、食品、自動車、造船、流通、保険、銀行。共著書に『デジタル・ファイナンス革命』（東洋経済新報社）、『BtoB決済 デジタライゼーション』（きんざい）、『イチバンやさしいIFRS』（中央経済社）、『統合的業績評価マネジメント』（生産性出版）、『IT業界のための「工事進行基準」完全ガイド』（日経BP）等がある。セミナー・寄稿等多数。

油布顕史 Kenji Yufu（第1章、第3章担当）
KPMGコンサルティング
People & Change所属
プリンシパル

事業会社、外資系コンサルティング会社を経て現職。組織・人材マネジメント領域で25年以上の変革の支援経験を有する。人材開発、組織開発、人事戦略、人事制度（評価、報酬、タレントマネジメント）の設計・導入・定着支援、働き方改革、シニア人材の活性化、組織風土改革、人的資本経営、役員報酬等のテーマで数多くのプロジェクトを推進。クライアントの課題に向き合い、伴走しながら問題を解決する。共著書に『進化する人事部』（労務行政）、『経営戦略としての事業継続マネジメント』（東洋経済新報社）。業界・企業向けの講演、マスコミ向けの寄稿多数。リスキリング関連の講演・寄稿は「企業のイノベーションを加速するリスキリング×コラボレーション」「NIKKEIリスキリング」（日本経済新聞社）、「DX時代のリスキリング」（日刊工業新聞社）。

平野留亥 Rui Hirano（第2章担当）
KPMGコンサルティング
Finance Strategy & Transformation所属
アソシエイトパートナー／公認会計士

慶應義塾大学経済学部卒業。公認会計士資格を取得。監査業務に従事した後、コンサルティングに転身。関西（西日本）の企業（主に製造業）に対し15年以上のコンサルティング経験をもつ。財務会計・管理会計領域における、改革・高度化の支援、経営管理・企業価値拡大を目的としたKPIデータマネジメントの構築支援、および関連するシステム等の導入支援に強みを有する。グループ経営管理に関連する組織再編や業績管理制度の構築、RPAを活用した業務改革等のプロジェクトも多数経験している。

人的資本を高める日本企業のリスキリング戦略

2024 年 7 月 9 日発行

著　　者——山田和延／油布顕史／平野留亥
発行者——田北浩章
発行所——東洋経済新報社
　　　　　〒103-8345　東京都中央区日本橋本石町 1-2-1
　　　　　電話＝東洋経済コールセンター　03(6386)1040
　　　　　https://toyokeizai.net/

装　丁………竹内雄二
ＤＴＰ………アイランドコレクション
印　刷………TOPPANクロレ
編集担当……黒坂浩一
Printed in Japan　　　　ISBN 978-4-492-53473-1